CHRISTOPH BAUSENWEIN & ULRICH NUßBECK

Potsdam

Populäre Irrtümer
und andere Wahrheiten

KLARTEXT

BILDNACHWEIS

Adobe Stock: © spuno: 13, © Ljupco Smokovski: 10/11, © Ala: 11; bpk/Nationalgalerie, SMB/Klaus Göken: 36; Bundesarchiv/Bild 183-S38324/Theo Eisenhart: 85l.; camera4/Thonfeld: 81; Deutsches Historisches Museum/A. Psille: 20; Imago Images: Jürgen Rütter: 88, 99r., Rüttimann: 91, Martin Müller: 8, 93o., 99; Ulrich Nußbeck: 77o.; Potsdam Museum – Forum für Kunst und Geschichte; Foto: Michael Lüder: 19, 48, 53; Potsdam Museum - Forum für Kunst und Geschichte, Foto: Holger Vonderlind: 65; Clemens Pusch: 51, 95l., 97l.; SLUB/Deutsche Fotothek: 19; Wikipedia: Von TUBS - Eigenes Werk, CC BY-SA 2.0: 6; Von Der Große Kurfürst Friedrich Wilhelm - Ursprung unbekannt, Gemeinfrei, https://commons.wikimedia.org/w/index.php?curid=874945: 15l.; Von Autor unbekannt - http://www.bildindex.de, Gemeinfrei, https://commons.wikimedia.org/w/index.php?curid=2674012: 27; Von Bruhaha, CC BY-SA 3.0, https://commons.wikimedia.org/w/index.php?curid=614694: 37; By Foto: Wschmock (516) - Own work, Public Domain, https://commons.wikimedia.org/w/index.php?curid=64475256: 38; By Johann Gottfried Schadow - Till Niermann, CC BY-SA 3.0; By Johann Friedrich Meyer - Zeno.org, ID number 20004188357, Public Domain, https://commons.wikimedia.org/w/index.php?curid=12863925: 45; By Anna Dorothea Therbusch - Web Gallery of Art: Image Info about artwork, Public Domain, https://commons.wikimedia.org/w/index.php?curid=15465221: 59r.; https://commons.wikimedia.org/w/index.php?curid=4359214: 61; Von Unbekannt, Photographer: Mutter Erde - Selbst fotografiert: Voss, Karl (1993) Potsdam-Führer für Literaturfreunde, Berlin: arani, Gemeinfrei, https://commons.wikimedia.org/w/index.php?curid=4154615: 63; Von Otto E. Lau - Wilhelm Blos: Die deutsche Revolution. Stuttgart, 1893 ; Nachdruck 1978, S. 594, Gemeinfrei, https://commons.wikimedia.org/w/index.php?curid=28974158: 71; Von Rudolf Hellgrewe - Brockhaus Kleines Konversations-Lexikon (5. Auflage 1911) zeno.org, Gemeinfrei, https://commons.wikimedia.org/w/index.php?curid=3172203: 74/75; Von karstenknuth - Eigenes Werk, Attribution, https://commons.wikimedia.org/w/index.php?curid=11541374: 75r.; Von Autor unbekannt - Vektordaten: 77u.; Von NordNordWest - Eigenes Werk mittels: OpenStreetMap data. CC BY-SA 2.0, https://commons.wikimedia.org/w/index.php?curid=5495771593u., Quelle: Atlas zur Zeitschrift für Bauwesen 3, 1853, Bl. 3, https://digital.zlb.de/viewer/image/15244658_1853/5/: 69
Potsdam, Park Sanssouci, Neues Palais/Stiftung Preußische Schlösser und Gärten Berlin-Brandenburg (SPSG)/Christoph Bausenwein: 9; Potsdam, Park Sanssouci, Schloss Sanssouci mit Weinbergterrassen/SPSG/Christoph Bausenwein: 34/35; Potsdam, Park Sanssouci, Grab Friedrichs II. mit Blumen und Kartoffeln/SPSG/Ulrich Nußbeck: 39; Potsdam, Neuer Garten, Gedenkurne für den Grafen Alexander von der Mark/SPSG/Christoph Bausenwein: 59; Potsdam, Park Sanssouci, Blick von der Terrasse Orangerieschloss zur Friedenskirche/SPSG/Christoph Bausenwein: 67; Potsdam, Park Babelsberg, Schloss Babelsberg/SPSG/Christoph Bausenwein: 73
Alle anderen Abbildungen stammen von den Autoren.

Umschlagabbildungen: Adobe Stock: © dimakp, © Sina Ettmer; Imago Images/EIBNER/rrzxEP/RRZ; Von Unbekannt, Photographer: Mutter Erde - Selbst fotografiert: Voss, Karl (1993) Potsdam-Führer für Literaturfreunde, Berlin: arani, Gemeinfrei, https://commons.wikimedia.org/w/index.php?curid=4154615; Von Rainer Blumenstein, für das Bundesministerium der Finanzen und die Deutsche Post AG - http://philatelie.deutschepost.de/philatelie/informationen/archiv/jahrgaenge/98/980103.jhtml, Gemeinfrei, https://commons.wikimedia.org/w/index.php?curid=5891102; Von Ferdinand Schmutzer - http://www.bhm.ch/de/news_04a.cfm?bid=4&jahr=2006, Gemeinfrei, https://commons.wikimedia.org/w/index.php?curid=12851706; Von User:Unify - Eigenes Werk, CC BY-SA 3.0, https://commons.wikimedia.org/w/index.php?curid=1279129; By Foto: Wschmock (516) - Own work, Public Domain, https://commons.wikimedia.org/w/index.php?curid=64475256

Bibliografische Information der Deutschen Nationalbibliothek
Die Deutsche Nationalbibliothek verzeichnet diese Publikation in der Deutschen Nationalbibliografie; detaillierte bibliografische Daten sind im Internet über portal.dnbde abrufbar.

IMPRESSUM

1. Auflage April 2021

Layout und Satz: Joachim Bartels

Druck und Bindung: Linsen Druckcenter GmbH, Siemensstr. 12-14, 47533 Kleve

ISBN 978-3-8375-2256-3

KLARTEXT

Jakob Funke Medien Beteiligungs GmbH & Co. KG
Jakob-Funke-Platz 1, 45127 Essen
info.klartext@funkemedien.de
www.klartext-verlag.de

Inhalt

4 Die Autoren
5 Zum Geleit
6 Steckbrief
8 Zahlen & Fakten
12 Scheppernde „Blechbüchse“
13 Prominenz am Wasser
14 Edikt mit Privilegien
16 Hexenmeister von der Insel
18 Fortuna mit Zahnlücken
20 Bunte „Lange Kerls“
22 Mansarden ohne Soldaten
24 Holland in Potsdam
26 Narr und Wissenschaftler
28 Fahnenflucht als Alltag
30 Gräuel hinter der Pracht
32 Die falsche Garnisonkirche
34 Weinbergflunder und Tafelobst
36 Fatale Fasanenpastete
37 Dekorative Hieroglyphen
38 Kirschenluxus
39 Kartoffelkönig
40 Scheinpaläste en miniature
42 Bauherrengeiz mit Folgen
44 Dazwischen- und davorgebaut
46 Fontänen-Mathematik
48 Das Legoland-Tor
49 Architekten in Ungnade
50 Figuren erzählen
51 Der Kutscher Pfund(t)
52 Weltberühmter Kammerherr
53 Das Mühlen-Müllerhaus
54 Potsdam. Eine Zeitreise
58 Ein dicker Taugenichts!?
60 Luises Hochzeits-Vorfeier
62 Böse Glocken
63 Frau in Uniform
64 Die Russische Kolonie
66 Geknickt in der Sichtachse
68 Romantik neben Hunger
69 Gotteshaus mit Technik
70 Antirevolutionäres Triumphtor
72 Vorspiel für Eisen und Blut
74 Der Stein vom Kilimandscharo
76 Balken-Telegraf und Knallfunk
78 Revolution im Kaiserwahlkreis
80 Luft- und Wasserrekorde
82 Filmstadt Babelsberg
84 Der Mythos vom Handschlag
86 Grafen im Widerstand
88 Konferenz der Entscheidungen
90 Die Brücke der Spione
92 Der Blinddarm der DDR
94 Sozialistisches Bauen
96 Die Sowjetunion in Potsdam
98 Betonierte Erinnerungs-Zitate
100 Das Potsdam-Quiz
104 Zitate

Die Autoren

Christoph Bausenwein, geboren 1959 in Nürnberg, wohnhaft in Babelsberg, studierte Geschichte und Philosophie in Frankfurt am Main und ist Verfasser zahlreicher Bücher zur Sport- und Fußballhistorie. Er begann seine Karriere als Autor 1992 mit den „Fürther Geschichten" und hat als Wahl-Potsdamer bei einem Gästeführerkurs seine Liebe zur Lokalhistorie wieder neu entdeckt.

Ulrich Nußbeck, Jahrgang 1957, studierte Volkskunde, Ethnologie sowie Ur- und Frühgeschichte in Marburg und Göttingen und war anschließend unter anderem als Museumswissenschaftler und Kulturhistoriker tätig. Er vollzog das, was Generationen von Hohenzollernherrschern vor ihm taten: Er zog von Berlin nach Potsdam, wo er bis heute im Stadtteil Klein Glienicke lebt und arbeitet.

Zum Geleit

Potsdam – was kommt da einem Ortsfremden zuerst in den Sinn? Zuallererst wohl Friedrich der Große und seine Sommerresidenz Sanssouci, danach das ganze UNESCO-Welterbe der preußischen Schlösser und Parks. Dann taucht aber auch schon der preußische Militarismus vor dem inneren Auge auf: die Garnisonstadt mit ihren Kasernen und Uniformen. Der historisch Interessierte denkt sicher an den von den Nationalsozialisten inszenierten „Tag von Potsdam" 1933 und an die Potsdamer Konferenz, die 1945 die Teilung Deutschlands besiegelte. Einheimische und auch viele Berliner kennen und genießen die Potsdamer Havellandschaft als idyllisches Wassersport-Revier vor ihrer Haustüre.
So haben auch wir Potsdam kennengelernt, zunächst als DDR-Städtchen hinter der Mauer bei kulturgesättigten Spaziergängen, später bei Ausflügen mit Boot und Fahrrad: als faszinierendes, manchmal befremdliches Disneyland der Könige und Kaiser, als eine Art preußisch-deutsches Bilderbuch, in dem sich immer wieder überraschende Seiten entdecken lassen. Es war so bezaubernd und spannend, dass wir beide – unabhängig voneinander – beschlossen, Potsdam zu unserem Wohnsitz zu machen. Seitdem haben wir kaum noch Lust, in die Fremde zu schweifen: Denn hier kann man, entlang historischer Artefakte und der diversen Baustile Europas, Reisen auf kleinstem Raum unternehmen. Lassen Sie sich überraschen von den Entdeckungen und Kuriositäten, die uns unterwegs begegnet sind!

POTSDAM. Stadtschloss.

Aha

Steckbrief

Name: Potsdam
Einwohner: 180.503
Zuzüge/Wegzüge: +1.793
Fläche: 187,68 km^2
Anteil Grün- und Wasserflächen: ca. 75 %
Bevölkerungsdichte: 959 Einw./km^2

Ersterwähnung: 993
Ersterwähnung als Stadt: 1317
Residenzstadt der Hohenzollern: 1660
Garnisonstadt: 1713
Landeshauptstadt Brandenburg: 1990

Erster Park: 1744 (Sanssouci)
Schwarze Stunde: 14. April 1945 (Nacht von Potsdam), 1.543 Tote
UNESCO-Weltkulturerbe: 12. Dezember 1990 (erweitert 1992 und 1999)
UNESCO-Filmstadt: 30. Oktober 2019
Spezielle Veranstaltungen: Potsdamer Schlössernacht (erstmals 1999), „Kanalsprint" auf dem Stadtkanal in der Yorckstraße (erstmals 2005), Potsdamer Lichtspektakel (erstmals 2016)

Spezielle Architektur: 16 Schlösser, Paläste und Prunkbauten sowie noch mehr (ehemalige) Kasernen und sonstige Militärgebäude,
Spezielle Sportanlagen: Kanu-Strömungskanal und Bob-Anschubstrecke am Luftschiffhafen
Spezielles Getränk: Potsdamer Stange (unfiltriertes Vollbier)
Sprache: so wat wie Berlinerisch

Aha

Zahlen & Fakten

Die höchste Erhebung ist mit **114,2** Metern der Kleine Ravensberg, der tiefste Punkt liegt 16 Meter unter dem Wasserspiegel im Tiefen See.

Der Park Sanssouci hat eine Grundfläche von **3** km^2 Ein 57 Kilometer langes Wegenetz erschließt 36 Fontänen, 96 Bauwerke und 1140 Skulpturen. Etwa 60 GärtnerInnen pflegen circa 26.000 Bäume und im Sommer rund 130.000 Blumen sowie 1.000 exotische Pflanzen, die aus den Orangeriehallen ausgefahren werden.

Die Wasserflächen im Stadtgebiet, die von **13** Stationen aus mit dem Wassertaxi befahren werden können, bedecken 11 km^2.

Das Studio Babelsberg wurde 2018 mit **160.000** m^2 Außen- und 25.000 m^2 Innenfläche als größter Filmstudiokomplex Europas geführt.

Das 1899 in einem Kuppelgebäude errichtete Doppelteleskop auf dem Telegrafenberg („Großer Refraktor") war das größte in Deutschland: Es ist **12,5** m lang und **7** t schwer.

Zählt man nicht nur große Säle und repräsentative Zimmer, sondern auch Kammern und Kabuffs, so kommt das 1769 fertiggestellte Neue Palais auf **634** Räume.

Die 1912 an der Zeppelinstraße errichtete Luftschiffhalle hatte ein Volumen von über **300.000** m^3 und galt als die größte der Welt.

Der Turm der Garnisonkirche wird nach der Wiedererrichtung mit rund **90** Metern der höchste in Potsdam sein. Das markante Hotel Mercure misst nur 63 Meter.

Mit **304** Metern ist die Neue Orangerie (1864) das längste Gebäude im Park Sanssouci.

Der größte zusammenhängende Entwicklungsbereich innerhalb der Stadtgrenzen ist mit einer Fläche von **1,4** km^2 die ehemalige Heeresreitschule Krampnitz (1939).

In Potsdam residierten in **217** Jahren neun preußische Könige. Ihre Regierungszeit betrug maximal 46 Jahre und minimal 99 Tage.*

*Die Reihenfolge nach dem Regierungsantritt: 1701 Friedrich I. – 1713 Friedrich Wilhelm I. – 1740 Friedrich II. (der Große) – 1786 Friedrich Wilhelm II. – 1797 Friedrich Wilhelm III. – 1840 Friedrich Wilhelm IV. – 1861 Wilhelm I. – 1888 Friedrich III. (9. März bis 15. Juni †) – 1888 Wilhelm II. (Abdankung November 1918).

Aha

Zahlen & Fakten

Potsdam hatte Ende 2019 insgesamt **180.503 Einwohner**.
Davon waren **92.755** oder **51,4 % weiblich**.

Der Anteil der Ausländer betrug **9 %**.

17,6 % der Einwohner waren jünger als **18 Jahre**, fast **20 %** älter als **65 Jahre**.

Das Durchschnittsalter belief sich auf **42,4 Jahre**.

Die **158 Sportvereine** hatten ca. **28.000 Mitglieder**. Mit mehr als **4.000** Mitgliedern in neun Abteilungen ist der SC Potsdam der größte Sportverein im Land Brandenburg.

49.621 Berufstätige kamen zum Arbeiten nach Potsdam. **35.557** verließen es, **73.164** waren an ihrem Wohnort Potsdam beschäftigt.

Etwa **2.500 Menschen** engagierten sich in **40 Vereinen** und Initiativen für Bau- und Gartenkultur..

Mit über **9.000 Beschäftigten** in mehr als **40 wissenschaftlichen Einrichtungen** wies Potsdam die höchste Forscherdichte Deutschlands auf.

An **fünf Hochschulen** waren rund **25.000 Studierende** gemeldet.

Unsere Kinder

2.928 Kinder wurden 2019 in Potsdam geboren.

Die beliebtesten Vornamen für Neugeborene waren:

Charlotte
Lea
Clara
Ella
Emma

Karl
Oskar
Emil
Felix
Theodor

Quelle für die Einwohnerdaten:
https://www.potsdam.de/statistik-zur-landeshauptstadt-potsdam

Aha

Scheppernde „Blechbüchse“

Viele Jahre lang wurde in Potsdam ein großer Theaterneubau geplant. 1989 kam es endlich zur Grundsteinlegung am Alten Markt, doch schon kurz nach der Wende beschloss der Stadtrat, den bereits fertiggestellten Rohbau abzureißen. Während die Planungen für die Neugestaltung von Potsdams Mitte anliefen – die nach dem Abriss des Stadtschlosses entstandene Lücke wirkte immer noch wie eine klaffende Wunde –, wurde 1992 an der Alten Fahrt eine provisorische Metall-Theaterhalle aufgestellt. Unbeabsichtigte Nebengeräusche, vor allem bei Regen, bereiteten den Besuchern dieser bald als „Blechbüchse“ verspotteten Spielstätte besondere (Hör-)Erlebnisse.
Der scheppernde Schandfleck am Rand einer öden Freifläche im Zentrum der Stadt war das wohl am meisten bemeckerte Gebäude in der Geschichte Potsdams – und blieb doch bis 2006, als endlich das neue Hans-Otto-Theater an der Schiffbauergasse eröffnet wurde, in Betrieb.

Die 2006 eröffnete und nachts rot leuchtende „Muschel“ am Ufer des Tiefen Sees, das neue Hans-Otto-Theater, ist das markanteste moderne Gebäude Potsdams.

Prominenz am Wasser

Dem SAP-Mitbegründer und Mäzen Hasso Plattner gehört u.a. die Villa Urbig am Griebnitzsee, Günter Jauch betreibt gemeinsam mit Sternekoch Tim Raue in der Villa Kellermann am Ufer des Heiligen Sees ein Restaurant, Ex-Bild-Chef und Ziegen-Liebhaber Kai Diekmann hat einen (Zeitung-)lesenden Affen in seinem Garten am Jungfernsee stehen, Eiskunstlauf-Legende Kati Witt betreibt am Tiefen See ein Sportstudio, Modedesigner Wolfgang Joop ist hier geboren und hat selbst einen Teich: Die Liste der nah am Wasser lebenden Prominenten in Potsdam ist lang.

Namhaft besetzt ist auch der Bundestags-Wahlkreis 61. Hier tritt 2021 die Grünen-Chefin Annalena Baerbock gegen den SPD-Kanzlerkandidaten Olaf Scholz an. Alexander Gauland, AfD-Ko-Fraktionsvorsitzender und ehemaliger Herausgeber der Tageszeitung „Märkische Allgemeine" (MAZ), kandidiert nicht in Potsdam, wohnt aber in der Berliner Vorstadt. Im Sommer 2018 – also kurz nachdem er in einer Rede die Nazizeit als „Vogelschiss" in Deutschlands Geschichte relativiert hatte – war der passionierte Schwimmer gerade im Heiligen See baden, als ihm seine am Ufer abgelegten Kleider gestohlen wurden. „Nazis brauchen keinen Badespaß!" soll der unbekannte Täter laut „MAZ" gerufen haben. Gauland erstattete in Badehose Anzeige.

Auf der Havel bei Potsdam

Populärer Irrtum!

Edikt mit Privilegien

Mit dem Edikt von Potsdam aus dem Jahre 1685 ermöglichte es der „Große Kurfürst“ Friedrich Wilhelm den in Frankreich verfolgten Hugenotten, seinen calvinistischen Glaubensgenossen, in die Mark Brandenburg einzuwandern.

Man schätzt, dass hier etwa 20.000 Glaubensflüchtlinge eine neue Heimat fanden. Sie brachten ihre Sprache und ihre Sitten mit, was sich bis heute in Ausdrücken wie Klamauk (clameur = Geschrei) oder Botten (bottines = Stiefel) sowie in Essgewohnheiten und bis dahin in Brandenburg unbekannten Produkten (z.B. Spargel, Weißbrot-Schrippen) widerspiegelt.

Bei dem oftmals auch als Toleranzedikt bezeichneten Dokument stand allerdings die Humanität des Kurfürsten – der übrigens im Jahr 1683 zwecks Sklavenimports die kurzlebige Kolonie Groß Friedrichsburg im heutigen Ghana hatte gründen lassen – nicht im Zentrum: Es war in der Hauptsache ein Einladungs- und Einwanderungsedikt. Die Hugenotten kamen nicht nur, weil sie unter dem Großen Kurfürsten Schutz vor Verfolgung fanden, sondern auch, weil dieser sie zugleich mit dem Versprechen gelockt hatte, außergewöhnliche Privilegien zu erhalten. Der Hintergrund: Die Geflüchteten gehörten zur Elite des damals fortschrittlichsten Landes und waren mit ihrem Wissen und ihren Fertigkeiten besonders dazu geeignet, das nach dem Dreißigjährigen Krieg weitgehend entvölkerte Brandenburg wirtschaftlich, technisch und kulturell voranzubringen.

Die ersten Franzosen erschienen im Jahr 1686. Aber nur wenige blieben im damals noch recht armseligen Potsdam. Erst mit dem Ausbau der Stadt durch Friedrich Wilhelm I. änderte sich das. Mit einem königlichen Edikt erhielt die um 1730 in einem eigenen Quartier auf rund 600 Personen angewachsene Französisch-Reformierte Gemeinde eine eigene Verfassung. Sie blieb bis zu den preußischen Reformen zu Beginn des 19. Jahrhunderts ein eigenständiges kirchliches, politisches und kulturelles Gemeinwesen. Daneben sorgte der König dafür, dass auch Angehörige anderer Konfessionen – Katholiken, Orthodoxe, Juden und Moslems – ihren Gottesdienst ausüben konnten. Sein atheistischer Sohn Friedrich II. brachte schließlich die Toleranz der Hohenzollern-Herrscher mit dem Satz auf den Punkt: „Jeder soll nach seiner Fasson selig werden."

Wurden die privilegierten Einwanderer von den einheimischen Lutheranern anfangs noch angefeindet, so konnten sich ihre Nachkommen zunehmend integrieren. Wilhelm Sankt Paul, 1776 als Sohn des Richters Guillaume de Saint Paul in Potsdam geboren, war 1809 Mitglied der ersten Stadtverordnetenversammlung und trieb ab 1821 als Oberbürgermeister für 23 Jahre die Entwicklung der Stadt voran. Der berühmteste Hugenotten-Nachfahre wurde am 30. September 1819 in Neuruppin geboren: Theodor (eigentlich Henri Théodore) Fontane.

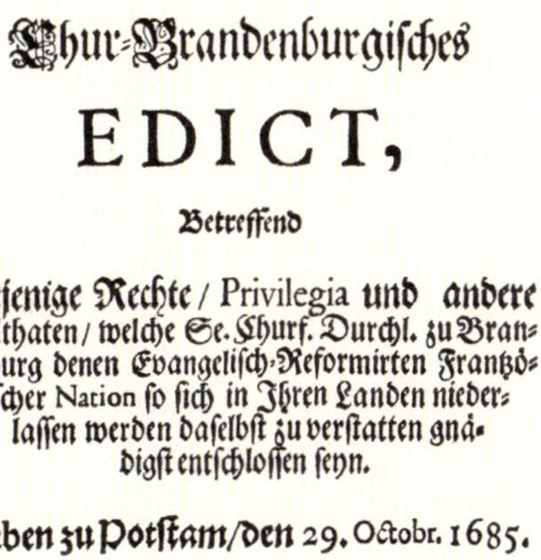

Chur-Brandenburgisches

EDICT,

Betreffend

Diejenige Rechte / Privilegia und andere Wolthaten / welche Se. Churf. Durchl. zu Brandenburg denen Evangelisch-Reformirten Frantzösischer Nation so sich in Ihren Landen niederlassen werden daselbst zu verstatten gnädigst entschlossen seyn.

Geben zu Potstam / den 29. Octobr. 1685.

Marmorrelief des „Großen Kurfürsten" Friedrich Wilhelm

Deckblatt des Edikts von Potsdam, 1685 (links)

Der „Große Kurfürst" empfängt 1686 die ersten französischen Hugenotten. Zeichnung von Carl Röhling, 1899

Aha

Hexenmeister von der Insel

Schaurige Geschichten waren im Potsdam der späten 1680er-Jahre im Umlauf. Ein Schwarzmagier treibe auf der nahen Insel Kaninchenwerder sein Unwesen, erzählte man sich. Oft seien Rauchwolken und bei Nacht Feuerschein zu sehen und üble, von der Insel herüberwehende Gerüche seien Beleg für allerlei unchristliches Tun.

Für das Versprechen, Gold herzustellen, habe der Große Kurfürst dem Alchimisten Kunckel die Insel geschenkt und jedermann war es bei strengster Strafe verboten, die Insel zu betreten oder zu verlassen. Allein der Kurfürst setzte von Zeit zu Zeit zur Insel über, um sich dort mit Kunckel zu beraten.
Mit Teufelswerk hatten die Geschehnisse auf der Insel allerdings wenig zu tun: Um die Wirtschaft des durch den Dreißigjährigen Krieg schwer gebeutelten Landes anzukurbeln, investierte der Kurfürst in die Erforschung hochwertigen Glases und den Ausbau von Glashütten. In dem Glasmacher und Alchemisten Johannes Kunckel fand er den geeigneten Mann, diese Aufgabe umzusetzen. Ab 1678 als Leiter der Kristallglashütten in Potsdam-Drewitz und am Hakendamm tätig, gelang es dem Fachmann sehr bald, die Entwicklung des später so wichtigen Exportproduktes Rubinglas voranzutreiben. Der von den Ergebnissen begeisterte Kurfürst schenkte Kunckel 1685 die Insel Kaninchenwerder – die heutige Pfaueninsel – und beauftragte den Experten, sich dort weiter seinen Forschungen zu widmen.
Mit dem Tod des Kurfürsten fanden die Arbeiten jedoch ein jähes Ende. Friedrich III., Sohn und Nachfolger des Fürsten, weigerte sich nicht nur, die Forschungen weiter zu unterstützen, er strengte gegen Kunckel sogar einen Prozess wegen Veruntreuung an. Als dieser zur Rückzahlung von 8.000 Talern verurteilt wurde, bedeutete das den Ruin des Glasmachers, zumal dessen Glashütte wenige Jahre zuvor durch einen Brand vernichtet worden war.
Das Glück wendete sich jedoch zugunsten von Kunckel, als er 1692 eine Einladung aus Stockholm erhielt. Er verkaufte sein Haus in Berlin, beglich

alle Schulden und reiste nach Schweden. Dort erfreute er sich bald hoher Wertschätzung: Er wurde zum Königlichen Bergrat ernannt und als Johann Kunckel von Löwenstern in den Adelsstand erhoben. Höchste wissenschaftliche Ehren folgten 1693 durch die Aufnahme in die Deutsche Akademie der Naturforscher Leopoldina und 1699 in die Pariser Académie Royale.
Die schaurige Geschichte vom betrügerischen Goldmacher auf der Pfaueninsel lebte aber fort. Noch heute ist sie in manchen Beschreibungen und Dokumentationen über die Pfaueninsel zu lesen. Der Glasmacher und Wissenschaftler hingegen ist weitgehend vergessen.

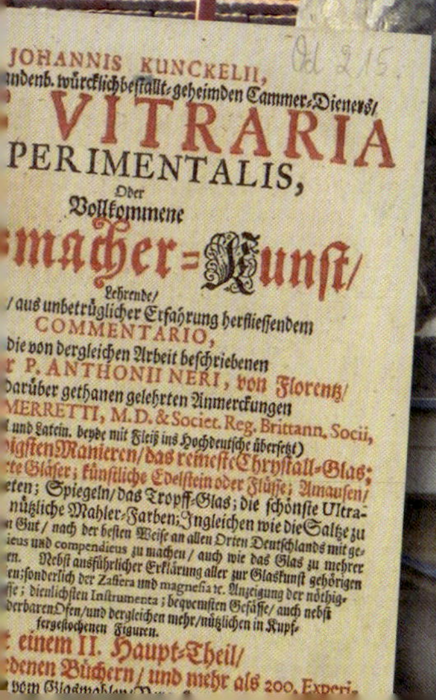

Zwei Putten auf dem Dach des 1776 für einen vermögenden Glasfabrikanten errichteten Brockesschen Palais in der Yorckstraße. Angeblich studieren die beiden in Kunckels Werk über die „vollkommene Glasmacher Kunst" (1679).
Links: Titelblatt der „Glasmacher-Kunst"

Populärer Irrtum!

Fortuna mit Zahnlücken

Am 18. Januar 1701 krönte sich Kurfürst Friedrich III. von Brandenburg in Königsberg selbst zum König Friedrich I. in Preußen. Zur Feier des Ereignisses, das die Rolle Brandenburg-Preußens unter den deutschen Fürstentümern neu definierte, ließ er durch den in Paris geborenen hugenottischen Architekten Jean de Bodt in Potsdam das Fortunaportal errichten.

Auf der Kuppel des Baus, der das Eingangstor zum Ehrenhof des Potsdamer Stadtschlosses bildet, thront die aus Kupferblech gefertigte, vergoldete Glücksgöttin Fortuna. Auf einer Kugel stehend, dreht sie sich mit dem Wind und verteilt das Glück mit der linken Hand aus dem Füllhorn. Sie symbolisiert die staatliche Wohlfahrt als politischen Balanceakt zwischen der Wandelbarkeit des Irdischen und der Gunst des Göttlichen. Acht Skulpturengruppen, einige mit bekrönten Preußenadlern geschmückt, feiern die durch die Königskrönung erfolgte Rangerhöhung.

Eine Nachbildung des im Januar 1960 zusammen mit dem Stadtschloss gesprengten Fortunaportals wurde am 12. Oktober 2002 eingeweiht. Der Wahl-Potsdamer Günther Jauch spendete dafür rund drei Millionen Euro an Werbehonorar, das er als Testimonial für die Zement- und Betonindustrie erhalten hatte. Der als originalgetreue Nachbildung auf wissenschaftlich-historischer Grundlage annoncierte Bau hat tatsächlich Schicksal gespielt: Er wurde zur Initialzündung für die anschließende historisierende Neugestaltung von Landtag und altem friderizianischem Zentrum.

Die drehbare Fortuna auf dem neuen Fortunaportal

Die Annahme, man habe mit dem neuen Beton-Portal die originale Gestalt vor sich, ist jedoch irrig. Schon die eigenartige Leere zwischen den vier mächtigen Pfeilern des Galeriegeschosses drängt dem Betrachter die Vermutung auf: Da fehlt doch was! Tatsächlich hatte Jean de Bodt hier ein Gestell mit Glocken vorgesehen, außerdem auf den vier Seiten der Kuppel jeweils eine Uhr. Uhren und Glocken korrespondierten mit der Emblematik der launisch zwischen schlechten Stunden („malheur") und guten Stunden („bonheur") pendelnden Fortuna. Sie symbolisierten eine Mahnung an die frisch erworbene Königsmacht: Durch Vorsicht, Klugheit und rechten Glauben gilt es, die Glücksgöttin gewogen zu halten.

Als der Architekt Georg Wenzeslaus von Knobelsdorff in den 1740er-Jahren das Stadtschloss für Friedrich II. umfassend neu gestaltete und das Fortunaportal in seinen Entwurf integrierte, waren die Uhren noch da – nur dort, wo einst die Glocken geplant waren, klaffte eine Lücke.

Auf einem Kupferstich von Johann David Schleuen (um 1750) sind die Uhren am Fortunaportal noch deutlich zu sehen. Die Uhr zur Marktseite fiel 1776 herunter, bei der Reparatur wurden auch sämtliche andere Uhren überholt.

Das Fortunaportal mit Glocken nach einer Skizze von Jean de Bodt (1700)

Aha

Bunte „Lange Kerls"

Bei seinem Amtsantritt im Jahr 1713 übernahm Friedrich Wilhelm I. ein Heer von ca. 40.000 Mann. Bis 1740 baute es der „Soldatenkönig" auf 80.000 Mann aus. Besondere Aufmerksamkeit schenkte er dabei den groß gewachsenen Grenadieren seiner Potsdamer Garde, die er auf dem neu angelegten Exerzierplatz vor dem Stadtschloss persönlich instruierte.

Ursprünglich mit dem Vorläufer der heutigen Handgranate bewaffnet, trugen die Soldaten dieser Eliteeinheit Mützen statt Hüte, um besser werfen zu können. Die späteren hohen Grenadiermützen entwickelten sich dann zu einem Statussymbol. Voraussetzung für die Rekrutierung beim königlichen Leibbataillon der Roten Grenadiere, das später mit weiteren Einheiten das über 3.000 Mann umfassende Königsregiment (Nr. 6) bildete, war ein Gardemaß von 6 Fuß bzw. 1,88 Metern. Die größten Männer, wie der Ire James Kirkland (2,17 Meter) oder der Norweger Jonas Henrikson (2,12 Meter), die das Bild von den Langen Kerls prägten, waren allerdings als „Unrangierte" gar nicht für den Kampf bestimmt, sondern sie dienten als Wachsoldaten vor allem zu Repräsentationszwecken.

Langer Kerl: Der Grenadier Schwerid Rediwanoff aus Moskau. Gemälde von Johann Christof Merk (1718/1719)

Spezialbeauftragte rekrutierten europaweit besonders lange Kerls für den Preußenkönig, der bis zu 85 Prozent des Staatshaushalts für das Militär ausgab. Als Friedrich Wilhelm 1716 mit dem russischen Zaren Peter der Große eine Allianz gegen Schweden schmiedete, kam es zu einem legendären Geschäft: Er tauschte das berühmte, noch von seinem Vater in Auftrag gegebene Bernsteinzimmer sowie die prunkvolle Jacht „Liburnica" gegen eine regelmäßige Belieferung mit russischen Gardemaß-Soldaten. Bereits 1713 hatte der Zar 80 Soldaten als Gastgeschenk nach Berlin mitgebracht, nun kamen als erste Lieferung 54 prachtvolle Moskowiter, darunter Schwerid Rediwanoff, dessen Konterfei heute die Potsdamer Sightseeing-Busse schmückt.

Die Garde war eine Multikulti-Truppe. Beinahe 50 Prozent der Langen Kerls stammten aus dem europäischen Ausland. Es gab Russen, Briten und Nordeuropäer, viele Polen und Kroaten, auch Türken und Afrikaner. Letztere taten zumeist als sogenannte Mohrenpfeiffer Dienst, angetan mit einer orientalischen Fantasieuniform, Turban, Halsring und Ohrgehänge. Alle diese „Premium"-Soldaten waren zwar entwurzelt und heimatlos, unter dem Strich aber ging es ihnen wohl sogar besser als einem durchschnittlichen Brandenburger. Der König verwöhnte seine Lieblinge – ähnlich, wie das heute mit Spitzensportlern geschieht – mit einem Extrasold und diversen Privilegien.

Granaten auf dem Jägertor (1733). Die dazwischen gezeigte Jagdszene beschreibt die zweite Leidenschaft des Soldatenkönigs.

Populärer Irrtum!

Mansarden ohne Soldaten

Mit zwei groß angelegten Bebauungsprogrammen schuf Friedrich Wilhelm I. erst die eigentliche Stadt Potsdam. Die in einfacher Fachwerkbauweise errichteten Bürgerhäuser dienten sowohl den Zivilisten wie den seit 1733 nach dem sogenannten Kantonsystem zwangsverpflichteten Soldaten als Unterkunft.

Das Haus „Im Güldenen Arm" aus dem Jahr 1737 (Hermann-Elflein-Straße 3) ist das einzige originalgetreu erhaltene barocke „Typenhaus" aus der Zeit des Soldatenkönigs. Dass die Soldaten in den Mansarden solcher nach einem standardisierten Bauplan errichteten Häuser wohnten, ist allerdings nur eine Legende. In den Dachkammern hätte man weder im Sommer (zu heiß) noch im Winter (zu kalt) wohnen können. Tatsächlich hausten die Soldaten in einem der unteren Wohnräume, je nach Größe entweder zu zweit oder zu viert. Die Soldaten hatten für ein bis zwei Monate im Jahr für Militärübungen und Wachdienste bereitzustehen, den Rest des Jahres gingen sie einem Kleingewerbe nach. Die meisten saßen in ihren Stuben an Spinnrädern und spannen Wolle.

Auch die weitere Entwicklung der Stadt war fast ausschließlich durch die Bedürfnisse der wachsenden Garnison bestimmt. Ab Mitte des 18. Jahrhunderts begannen reichere Bewohner damit, ihrer Einquartierungspflicht nachzukommen, indem sie die Soldaten in kleinen Privatkasernen unterbrachten. Wie das aussah, kann man an den Hiller-Brandtschen Häusern (1769, Breite Straße 8–12) studieren: Die zwei repräsentativen Gebäude des Kaufmanns Hiller und des Schneidermeisters Brandt haben einen niedrigen Verbindungsbau – dies ist die Kaserne.

Links: Das Museumshaus „Im Güldenen Arm" in der Hermann-Elflein-Straße ist noch im Originalzustand von 1737 erhalten. Die Grenadiere wohnten hier im Parterre. Rechts: Der Verbindungsbau zwischen den 1769 errichteten Hiller-Brandtschen Häusern in der Breiten Straße diente einst als Kaserne.

Daneben entstanden auch größere Gemeinschaftsunterkünfte. Verheiratete Soldaten konnten mit ihrer Familie in eine „Kaserne für Beweibte" ziehen (Beispiel: Lindenstraße 28–30). Im sogenannten Ordonnanzhaus in der Charlottenstraße 31 (erbaut 1782, heute Kabarett Obelisk) wurden zu Zeiten Friedrichs II. die aus den verschiedenen Kantonen ausgehobenen neuen Rekruten untergebracht. Ein preußischer Kanton umfasste etwa 5.000 Haushalte, die den Ersatz für ein Regiment stellen mussten. Um die zum Dienst gepressten Neulinge bei Laune zu halten, durfte der Wirt Branntwein ausschenken sowie einen Tanzboden samt willigen Tänzerinnen bereithalten. Das ebenfalls hier untergebrachte Husarenkommando hatte die Aufgabe, „unsichere Kantonisten" (wieder) einzufangen.

Der Bau großer Kasernen außerhalb der Stadtmauer begann erst in den 1830er-Jahren mit dem dunkelroten Backsteinbau am Luisenplatz (heute Sparkasse). Hier waren die Lanzenreiter der 3. Eskadron der Garde-Ulanen untergebracht. In der Kaserne der Garde-Husaren (Berliner Straße) wurde erstmals ein ganzes Kavallerie-Regiment (600 Mann) in einem einzigen, 136 Meter langen Gebäude einquartiert (zu je 18 Personen in 50 Quadratmeter großen Stuben).

Aha

Holland in Potsdam

Eine der Hauptattraktionen für die zahlreichen Potsdam-Besucher aus den Niederlanden stellt das Holländische Viertel dar. Erbaut wurde das Ensemble von 134 Ziegelsteinhäusern im Zuge der ab 1733 durchgeführten zweiten Stadterweiterung. Friedrich Wilhelm I., der „Soldatenkönig", hatte ein besonderes Faible für holländische Kultur und Architektur.

Um die Wirtschaft seines bitterarmen Landes anzukurbeln, ließ der König holländische Händler und Handwerker anwerben und für sie ein Wohnquartier im niederländischen Stil errichten. 1732 rief der König den Amsterdamer Jan Bouman als Bauleiter für das neue Viertel nach Potsdam. Boumans erste Aufgabe bestand in der Entwässerung des sumpfigen Baugrunds. Dazu ließ er ein großes Bassin anlegen, das durch den später so genannten „Alten Kanal" mit dem Heiligen See und durch unterirdische Rohre mit dem Stadtkanal verbunden wurde.

In der Mitte des Bassins legte er eine kleine Insel an, in deren Mitte eine Gloriette errichtet wurde, ein kleiner Pavillon mit quadratischem Grundriss. Bis zu ihrem Abriss im Jahre 1945 – sie hatte dem sowjetischen Ehrenfriedhof zu weichen – wurde das Häuschen auch als „Tabakshäuschen" bezeichnet, benannt nach den Tabakskollegien, die der Soldatenkönig hier abgehalten haben soll. Schon ein Blick auf die Jahreszahlen entlarvt das als Irrtum: Der Soldatenkönig starb 1740, nur wenige Monate nach Fertigstellung des Baues.
Die Fertigstellung des Viertels erfolgte 1742 unter der Regierung Friedrich II. Bis das Bassin und der nach Art einer Gracht offen verlaufende Alte Kanal in den 1870er Jahren zugeschüttet wurden, bildete er zusammen mit den

Blick ins Holländerviertel (Mittelstraße)

Holländerhäusern eine perfekte niederländische Kulisse. Der Versuch, durch Privilegien, finanzielle Zugeständnisse und ein heimatliches Ambiente holländische Siedler dauerhaft anzuwerben, scheiterte jedoch. Nur wenige Niederländer waren bereit, in die aus ihrer Sicht rückständige Provinz zu kommen; auch die meisten derer, die gekommen waren, kehrten bald nach Fertigstellung des Viertels in die Heimat zurück. An ihrer Stelle bezogen einheimische Handwerker, Händler, Künstler und Soldaten die Häuser.

Die Stadt hat dadurch immerhin ein pittoreskes Stadtviertel bekommen, das heute, nach Jahrzehnten des Verfalls, zu einem quirligen Quartier mit zahlreichen Läden, Cafés, Restaurants und Galerien geworden ist. Dadurch lockt es heute sicher weit mehr Niederländer in die Stadt, als es der Soldatenkönig sich einst hatte träumen lassen.

Oranien-Nassau in Brandenburg

Schon der „Große Kurfürst" Friedrich Wilhelm hatte beste Kontakte zu den Niederlanden und dem Herrscherhaus Oranien-Nassau. In den 1630er Jahren verbrachte er seine Lehrjahre in Holland, sein wichtigster Berater war der Fürst Johann Moritz von Nassau-Siegen, und in erster Ehe war er mit Luise Henriette von Oranien verheiratet, der Schlossherrin von Oranienburg.

Aha

Narr und Wissenschaftler

Man steckte ihn in bizarre Uniformen, setzte ihn in ein Weinfass, ließ ihn durch junge Bären, die man zu ihm ins Schlafzimmer sperrte, übel zurichten, warf ihn in den Schlossgraben, gab ihm einen Affen in den Schoß, den er als seinen leiblichen Sohn anzuerkennen hatte, beschoss ihn mit Feuerwerk – kurz, man machte ihm über Jahrzehnte das Leben zur Hölle.

Der Mann suchte mehrfach sein Heil in der Flucht, kehrte aber, da er kein Auskommen fand, reumütig wieder zurück und betäubte sich mit Alkohol. Als das jahrelange Martyrium seinen Tribut forderte und er 1731, erst 57 Jahre alt, mit offenem Magengeschwür auf dem Sterbebett lag, waren die Demütigungen und Peinigungen noch nicht beendet. Neben das Bett des Sterbenden stellte man den Sarg, ein schwarz lackiertes Weinfass, und versah es mit Spottversen.

Bizarrer Höhepunkt war das Begräbnis des Geschundenen: Der Leichnam wurde öffentlich in dem Weinfass zur Schau gestellt und unter Gejohle und spöttischen Trauerreden durch Potsdam getragen. Begraben wurde er in der Kirche zu Bornstedt, wo noch heute die Grabplatte Auskunft über den Verstorbenen gibt: Es handelt sich um Jakob Paul Gundling, Historiker, Jurist, Berater des Königs, Mitglied des Tabakskollegiums, Verfasser grundlegender Werke zur brandenburgischen Geschichte und als Präsident der Preußischen Akademie der Wissenschaften Nachfolger von Gottfried Wilhelm Leibniz. Fast noch erstaunlicher als der Umstand, dass dies einem hoch angesehenen Wissenschaftler widerfahren konnte, ist der Kreis derer, die ihn zu Tode quälten: Es handelt sich um Friedrich Wilhelm I., den Soldatenkönig, und die Mitglieder des hoch gerühmten Tabakskollegiums.

Gundling war 1713 vom König in das Kollegium befohlen worden, wo er als Referent juristische und historische Fragen zu beantworten hatte. In der überwiegend aus hochgestellten Soldaten bestehenden Runde rief der Gelehrte, dem Eitelkeit, Prahlsucht und Armut an Witz nachgesagt wurden, bald den Hohn des Kollegiums hervor. Der Unglückliche flüchtete sich in den Alkohol und zog dadurch noch mehr Spott auf sich, der sich im Laufe der Zeit immer mehr zu körperlicher Quälerei auswuchs.

Der König spielte dabei – nach allem, was man heute weiß – stets eine aktive Rolle. Er war es auch, der den Sarg Gundlings anfertigen ließ und die Honorationen Potsdams zum Trauerzug und zum demütigenden Begräbnis befahl. Die preußenfreundliche Geschichtsschreibung der letzten 200 Jahre hat die Rolle des Königs zumeist abgestritten oder erklärt, dass Gundling diese Behandlung, die gar nicht so arg gewesen sein könne, sich selbst zuzuschreiben hatte. Heute können wir die Umstände anders beurteilen.

Karikatur von Jakob Paul von Gundling (anonym, 1729). Der abgebildete Hase ist ein Symbol für Ängstlichkeit und nicht ernst zu nehmende Großsprecherei („Haselantentum").

Populärer Irrtum!

Fahnenflucht als Alltag

Potsdams 3,80 Meter hohe Stadtmauer sollte nicht etwa vor Feinden schützen, sondern den Warenschmuggel und vor allem die Desertion der zum Dienst gepressten Soldaten verhindern. Der Hintergrund: Fluchtversuche von Soldaten waren in der Garnisonstadt nichts Außergewöhnliches.

Wegen der hohen Fluchtgefahr lautete das Motto bereits bei den Stadterweiterungen des Soldatenkönigs: Erst eine Mauer, dann die Häuser bauen. Während seiner Regierungszeit versuchten im Schnitt mehr als 1.000 Soldaten pro Jahr, der preußischen Armee zu entfliehen. Wenn Alarm geschlagen wurde – und das passierte in Potsdam zeitweise mehrmals im Monat –, war die Teilnahme an der Verfolgung Untertanenpflicht. Beschwerden von Dorfbewohnern über hohe Fahndungs-Belastungen – vor allem aus dem sogenannten Deserteurwinkel zwischen Teltow, Ferch und Beelitz – waren keine Seltenheit.

Da der König kein Interesse daran hatte, seine teuren Soldaten zu verlieren, wurden wieder eingefangene Deserteure nur selten zum Tod verurteilt. Selbst nach einer geplanten, aber vorzeitig aufgeflogenen Massenflucht von rund 40 Grenadieren im Januar 1730 wurden lediglich die zwei Haupträdelsführer hingerichtet, der Rest kam mit Spießrutenlaufen und Gefängnisstrafen davon. Aber der Vorfall hatte den König wohl doch sehr irritiert, sodass er nur wenige Monate später keine Gnade kannte, als sein Sohn Friedrich sich davonmachen wollte: Der Kronprinz wurde in Küstrin inhaftiert, sein Fluchtkumpan Katte vor seinem Zellenfenster enthauptet.

Friedrich II. ist der wohl bekannteste Deserteur aller Zeiten. Das Denkmal für den unbekannten Deserteur hingegen fristet seit 2001 am südwestlichen Ende des Platzes der Einheit ein kaum beachtetes Dasein. Das Monument zeigt die Silhouette eines Menschen als Negativform. Die Symbolik: einer, der verschwunden ist, der sich der Masse der Gehorchenden entzogen hat. Ursprünglich sollte das Denkmal bereits 1989 auf dem Friedensplatz in Bonn aufgestellt werden. Dies scheiterte am Widerspruch des damaligen Oberbürgermeisters, der die Fahnenflucht nicht verherrlicht wissen wollte. Auch in Potsdam war das Objekt lange heftig umstritten.

Das Denkmal für den unbekannten Deserteur auf dem Platz der Einheit schuf der Bildhauer Mehmet Aksoy.

Aha

Gräuel hinter der Pracht

Das große Militärwaisenhaus ist beeindruckend: Potsdams größtes spätbarockes Bauensemble besetzt ein ganzes Karree zwischen der Breiten-, Dortu-, Sporn- und Lindenstraße. Der 1778 an der Stelle eines schlichten Fachwerkbaus fertiggestellte Komplex war jedoch nicht immer eine Stätte der Nächstenliebe.

Das viergeschossige Hauptgebäude, bekrönt von einer vergoldeten Figur der Caritas mit Ölzweig und brennendem Herz, besitzt unter dem markanten, von acht Säulen getragenen Tempelturm ein prächtiges Treppenhaus. Friedrich II. verstand das mächtige Gebäude, vergleichbar etwa den Militär-Invalidenhäusern, als Symbol für den Machtanspruch und die Fürsorge des Souveräns. Sowohl der Name wie die prunkvolle Gestalt trügen jedoch. Die von Friedrich Wilhelm I. 1724 nach dem Vorbild der Franckeschen Stiftungen in Halle gegründete Stiftung „Großes Waisenhaus zu Potsdam" kümmerte sich nicht nur um Militärwaisen, sondern auch um die zahlreichen Kinder verarmter Soldaten. Und der 1778 vollendete Prachtbau des Architekten Carl von Gontard stand in krassem Widerspruch zur erbärmlichen Situation der Zöglinge. Der 24-jährige angehende Prediger August Friedrich Wilhelm Crome berichtete von seinem Besuch im Januar 1779: Das „mit wahrhaft königlicher Pracht" erbaute Gebäude sei im Innern „abscheulich", ja „ein wahrer Gräuel". Die schönen Treppen „ganz mit Schmutz bedeckt" und „alles fest gefroren", die bleichen Gesichter und abgerissenen Kleider der Knaben und Mädchen hätten „einen widrigen Anblick" geboten und „eine unleidliche Ausdünstung" verbreitet.

Der Hintergrund: Unter Friedrich II. hatte sich die von seinem Vater eingerichtete religiös-karitative Versorgungs- und Lehranstalt in einen Zulieferbetrieb für die Industrie gewandelt. Die Kinder, darunter auch Mädchen, waren bei einem 10-Stunden-Arbeitstag in den Wollmanufakturen, in der Gewehrfabrik, in der königlichen Porzellanmanufaktur oder als Drahtzieher in der Berliner Gold- und Silbermanufaktur völlig überlastet, dazu kamen mangelnde Hygiene und schlechte Ernährung. In den 1760er-Jahren war beinahe ein Fünftel der rund 2.000 hier arbeitenden Kinder ständig krank, die jährliche Sterberate lag bei zehn Prozent. Durch Reformen der Direktoren besserten sich zum Ende des 18. Jahrhunderts die Verhältnisse. 1795 wurden die letzten Verträge mit Manufaktur-Unternehmern aufgelöst.

Das Hauptgebäude des Militärwaisenhauses mit der vergoldeten Caritas auf dem Tempelturm (Monopteros)

Die falsche Garnisonkirche

In seinen Erinnerungen über eine Reise, die ihn Ende der 1770er-Jahre nach Preußen geführt hatte, schrieb der Engländer Sir Nathaniel William Wraxall unter anderem, dass die Gesinnung dieses Landes, in der vom König bis zum Bauern alle Männer Soldaten seien, am sinnfälligsten in der Garnisonkirche zum Ausdruck gelange.

Hier sei alles darauf ausgelegt, „den preußischen Soldaten in seiner Selbsteinschätzung über die Soldaten anderer europäischer Staaten zu erheben", denn hier fänden sich keine Reliquien oder Heiligenbilder, da die Dekorationen „ohne Ausnahme militärischen Charakter" trügen.

Bei der Kirche freilich, die Wraxall besucht hatte, handelte es nicht um die berühmte Hof- und Garnisonkirche in Potsdam, die Friedrich Wilhelm I. in den 1730er-Jahren nach Plänen Philipp Gerlachs für die Soldaten der Garnison und die Bediensteten seines Hofes hatte bauen lassen: Es war vielmehr die vom selben Architekten rund zehn Jahre zuvor errichtete Berliner Garnisonkirche, in der die von den Truppen Friedrichs des Großen eroberten Fahnen und Siegeszeichen präsentiert wurden. Diese turmlose Kirche am Rande des heutigen Alexanderplatzes war also ursprünglich die Stätte des militärischen Gedenkens in Preußen. Sie wurde allerdings ein Opfer der Truppen Napoleons: Nach der Niederlage des preußischen Heeres zogen diese im Jahre 1806 in Berlin ein, entführten sämtliche Trophäen nach Paris und vernichteten sie, als sie dort dann selbst von den Preußen belagert wurden.

Nun erst war der Zeitpunkt gekommen, dass die Potsdamer Garnisonkirche mit ihrem markanten Turm zur zentralen Stätte von Preußens dynastisch-militärischer Erinnerungskultur avancieren konnte. Die Särge von Friedrich Wilhelm I. und Friedrich II. lagen hier schon in der Gruft. Jetzt kam im Kirchenraum der Schmuck der seit den Befreiungskriegen eroberten neuen Fahnen und Feldzeichen hinzu. Damit war das martialische Gotteshaus präpariert für seine Karriere als Walhalla preußisch-deutscher Größe und als „Symbol des Militärstaats Preußen" (Theodor Fontane).

Populärer Irrtum!

Beide Garnisonkirchen wurden in den 1960er-Jahren komplett abgerissen. Nur für das Potsdamer Exemplar aber fand sich eine breite Wiederaufbau-Initiative unter dem Motto „Geschichte erinnern, Verantwortung lernen, Versöhnung leben“. Trotz heftiger Proteste von Gegnern des Projektes durften die Aktivisten im Oktober 2017 den Beginn des Turmbaus bejubeln. Hätte man Gerlachs Kirche in Berlin für eine Wiedererrichtung auserkoren, hätte man sich wohl viel Streit ersparen können. Als Symbol einer preußischen Niederlage wäre sie vermutlich weitaus geeigneter gewesen, eine Erinnerungsstätte für die deutsch-französische Versöhnung und ein Mahnmal für den Frieden zu werden.

Links: Nach dem „Tag von Potsdam“ 1933 (siehe S. 84f) wurde die Garnisonkirche auf einem Werbe-Faltblatt des Potsdamer Verkehrsamtes politisch vereinnahmt. Rechts: In einer Publikation von 2013 warb die „Fördergesellschaft für den Wiederaufbau der Garnisonkirche“ mit einem Bild der Wetterfahne.

Aha

Weinbergflunder und Tafelobst

Der Park Sanssouci wurde nicht nur als Zier-, sondern auch als Nutzgarten angelegt. Denn Weintrauben und anderes Obst waren die große Leidenschaft Friedrichs des Großen. Die in des Königs Auftrag errichteten massiven Bauten zur Fruchtkultur hatten eine Gesamtlänge von etwa 4,5 Kilometern und kosteten rund eine halbe Million Taler (und damit mehr als der Bau des Schlosses selbst).

1744 gab Friedrich II. Order, an der Stelle des durch Abholzungen versandeten „wüsten Berges“ einen terrassierten Weinberg mit zentraler Treppe anzulegen. Auf der obersten Terrasse sollte ein Weinbergschloss errichtet werden, wo er ohne Sorgen zu sein hoffte: „sans souci“. Der mit dem König freundschaftlich verbandelte Maler-Architekt Georg Wenzeslaus von Knobelsdorff wollte es wegen des dekorativen Eindrucks unmittelbar hinter den Terrassen aufsteigen lassen, außerdem hielt er ein Kellergeschoss für notwendig. Der König aber beharrte darauf, dass sich vor seiner Sommerresidenz ein breites und von den Innenräumen aus stufenlos betretbares Gartenparterre zu erstrecken habe. So kauert denn das Schloss bis heute als eigenartig platte „Flunder“ auf den Reben.

Die Weinbergterrassen und das Schloss Sanssouci heute

Die sechs breiten Terrassen erhielten bogenförmig nach Innen schwingende und überdachte Mauern (sog. Talutmauern), die eine größtmögliche Ausnutzung der Sonnenstrahlung für die gepflanzten Spaliere garantieren sollten. 168 verglaste Nischen dienten für empfindliche Obstsorten. Im Sommer holte man noch die in Kübeln gepflanzten Orangenbäume aus ihrer Behausung heraus, um dem Ganzen ein südliches Flair zu verpassen.

Friedrich ließ hier sowie am Winzer- und am Klausberg Weinstöcke mit Dutzenden verschiedener Rebsorten anlegen, von denen die meisten heute ausgestorben sind. Allerdings wurde aus den Trauben – anders als bei dem von Potsdamer Bürgern betriebenen Anbau am Pfingstberg – kein Wein gekeltert. Sie bereicherten lediglich die königliche Tafel, so wie die anderen zahlreichen Obstsorten, die im Schlosspark und seinen Gewächshäusern gezogen wurden: Pfirsiche, Aprikosen und Mirabellen, Azaroldorn, Kirschen und Feigen, Zitronen, Pomeranzen und Orangen, Melonen, Papayas und Bananen, ja sogar Ananas gab es.

Friedrichs Traum, dass die überall in seinen Räumen bereitgestellten Obstschalen ganzjährig mit frischen Früchten gefüllt werden, erfüllte sich allerdings nur teilweise. Tafeltrauben konnten bis zu fünf Monate lang geerntet werden. Die im Wechsel mit Papayas gesetzten Bananen wurden in einem von einer doppelten Kanalheizung erwärmten Gewächshaus fast das gesamte Jahr über geerntet. In den Genuss der Früchte des 1785 in Auftrag gegebenen Ananasreviers kam der König nicht mehr: Er starb kurz vor der ersten Ernte am 17. August 1786.

Aha EXTRA

Fatale Fasanenpastete

Zwölf spezialisierte Köche beschäftigte Friedrich II., um seine prominenten Gäste bei der berühmten mittäglichen Tafelrunde im ovalen Marmorsaal von Sanssouci mit gebotener Opulenz bewirten zu können. In der Regel wurden acht unterschiedliche Gerichte aufgetischt, verteilt auf drei Gänge. Die Speisen waren meist deftig und stets scharf gewürzt, gerne mit Pfeffer und Senf, dazu wurde ordentlich Wein getrunken. Magenprobleme waren an der Tagesordnung, außer bei dem berühmten Vielfraß Julien Offray de La Mettrie, einem vor der französischen Zensur nach Preußen emigrierten Arzt und Philosophen, der sogar den Platzhirsch Voltaire in der Gunst des Königs überholte. Der streitbare und gewitzte Franzose, Autor der materialistischen Kampfschrift „Maschine Mensch", starb am 11. November 1751 nach einem Festessen in Berlin, wo er, wie Voltaire spottete, „aus Eitelkeit eine ganze Fasanenpastete mit Trüffeln verspeist hat". Der König persönlich verfasste die Leichenrede und ließ sie bei einer öffentlichen Versammlung der Gelehrten der Akademie in seinem Namen verlesen. Es wurde nie geklärt, ob die Pastete verdorben oder gar vergiftet war.

Tafelrunde in Sanssouci. Vorne ganz rechts de La Mettrie (im Gespräch mit dem Marquis d'Argens)

Dekorative Hieroglyphen

Fantasie-„Hieroglyphen“ am Obeliskportal (Park Sanssouci)

Ägyptische Obelisken, bereits im alten Rom weit verbreitet, waren zu Zeiten Friedrichs II. als Bezugnahme auf das erste bedeutende Königreich der Weltgeschichte eine Modeerscheinung. Und wie in Rom sollte es auch in Potsdam aussehen, vor allem am Alten Markt: Die Tempelfront des Stadtschlosses, das palastartige Rathaus und der 25 Meter hohe Obelisk bilden in diesem Sinne eine Einheit. Ursprünglich trug dieser Medaillons der als römische Feldherren gestalteten brandenburgisch-preußischen Herrscher. Nach dem Wiederaufbau Ende der 1970er-Jahre wurden vier Porträts der großen Potsdamer Architekten Knobelsdorff, Gontard, Schinkel und Persius angebracht.

Andere von Knobelsdorff entworfene Obelisken – der am Portal von Sanssouci und die von Adlern bekrönten Säulen des Neustädter Tores – hatten ein Hieroglyphen-Dekor. Im Gegensatz zu den Hieroglyphen an den Bauten von Friedrich Wilhelm II. im Neuen Garten (Pyramide) sind sie allerdings nach rein ästhetischen Gesichtspunkten frei erfunden. Der Freimaurer und Atheist Friedrich II. wollte ganz bewusst keine Wiedergabe authentischer Schriftzeichen, um mögliche Spekulationen auszuschließen.

Populärer Irrtum!

Populärer Irrtum!

Kirschenluxus

Friedrich II. war sparsam und knausrig – aber nicht immer. Wenn es um seine persönlichen Vorlieben ging, konnte der Monarch sogar erstaunlich verschwenderisch sein. Für seine persönlichen Belange gab er jährlich bis zu 300.000 Taler aus nach dem Motto: „Nichts ist unvernünftiger als sich den Freuden zu versagen." Freude für Hunderte von Talern bereiteten ihm seine geliebten Windspiele, Pelzstrümpfe oder Orange-Gesichtspuder, für seine Tabatieren machte der Schnupftabak-Liebhaber im Lauf der Jahre Zehntausende von Talern locker. Für edle Weine, Käse, Pasteten und Trüffel scheute er keine Kosten.

Die allergrößte Freude aber bereiteten ihm Kirschen. In den Schatullrechnungen des Königs fanden sich 15 Zahlungsbelege für Kirschen- und Obstlieferungen des Gärtners Bouché (1768 bis 1772) in der Höhe von 1.274 Talern und 84 Pfennigen. Für Winterkirschen zahlte er bis zu drei Taler das Stück. Seinem Kammerdiener Fredersdorf gestand er einmal, an einem einzigen Tag für 180 Taler Kirschen gegessen zu haben. Zum Vergleich: Das Gehalt eines Hofarztes betrug zehn Taler/Monat, ein Kilo Roggenbrot kostete acht Pfennige (ein Taler = 288 Pfennige).

Die Königliche Porzellan-Manufaktur (KPM) fertigte in Friedrich II. Lieblingsdekor „Neuzierat" auch Prunkteller mit Kirschenmotiv (Teller aus einem Set zum 150-jährigen Jubiläum 1913).

Die Grabplatte der schlichten Ruhestätte Friedrich II. vor dem Schloss Sanssouci schmücken stets einige Kartoffeln, niedergelegt von Besuchern als Zeichen ihrer Verehrung. Eigentlich sollten dort Kirschen liegen.

Kartoffelkönig

Seit dem 19. Jahrhundert gilt der Alte Fritz als der „Kartoffelkönig", der das auch als Erdapfel bezeichnete Gewächs zur sicheren Versorgung der Bevölkerung in Preußen eingeführt haben soll. Die historischen Fakten entlarven das allerdings als eine Legende. Er aß die vulgären Bauernknollen auch nicht, weder als Brat- noch als Stampfkartoffeln, zu deren Erfinder ihn eine TV-Dokumentation vor wenigen Jahren sogar erheben wollte.

Die Fakten: Kartoffeln wurden in Oberfranken bereits gegen Mitte des 17. Jahrhunderts angebaut und hatten sich in süddeutschen Ländern bereits durchgesetzt, als Friedrichs Vater 1738 ihren Anbau in Preußen befahl. Warum aber dann die Legende vom „Kartoffelkönig"? Vermutlich wurde sie durch die insgesamt 15 Kartoffelbefehle befeuert, mit denen Friedrich vergeblich versuchte, den Kartoffelanbau in Preußen gegen die Widerstände der Bauern durchzusetzen. Als Grundnahrungsmittel behauptete sich die Kartoffel in Deutschland erst im 19. Jahrhundert.

Scheinpaläste en miniature

Eine preußische Residenzstadt muss beeindruckende Bauten haben, denkt sich jeder Potsdam-Besucher. Das dachte auch Friedrich der Große und ließ gleich reihenweise Paläste „en miniature" errichten – aber waren es überhaupt Paläste?

Wenn der König nicht gerade Krieg führte, betätigte er sich gerne als Hobbyarchitekt. „Ich gestehe, dass ich gerne baue und schmücke", schrieb er 1758 an seinen Vorleser Alexandre de Catt. „Ich habe die Pläne der schönsten Bauwerke Europas, insbesondere Italiens, ausgewählt und lasse sie im Kleinen und meinen Mitteln entsprechend ausführen."

In der Regel lief das Bauprogramm so ab: Der König studierte in seiner Bibliothek eines seiner zahlreichen Architekturbücher und krakelte höchstselbst „mit der Feder ohne Lineal und Zirkel" (so der Architekt Heinrich Ludwig Manger) einen modifizierten Entwurf eines Renaissance-Baumeisters (meist war es der berühmte Andrea Palladio). Diesen drückte er einem seiner Baumeister in die Hand mit dem Befehl, das Gebäude auf diesem oder jenem Platz möglichst günstig und unter Anpassung an die vor Ort gegebenen Verhältnisse zu errichten.

Das Rathaus am Alten Markt (1755) ist so ein typisch friderizianisches Gebäude. Vorbild war ein nicht ausgeführter Entwurf Palladios für den Palazzo Angarano in Vicenza. Die Baumeister Jan Bouman und Carl Ludwig Hildebrandt mussten das Gebäude schmaler ausführen (sieben statt neun Fensterachsen), da man das Nachbarhaus des nicht zum Verkauf geneigten Bäckers Windelband stehen lassen musste. Mangels Platz fiel die Tiefe des Gebäudes noch weitaus geringer aus als beim Originalplan. Da dem König bei einem Besuch in Amsterdam das dortige Rathaus gut gefallen hatte, ließ er nach diesem Vorbild auch noch einen mächtigen Tempelturm draufsetzen, der

Gebäude-Ensemble am Alten Markt. V.l.n.r.: Altes Rathaus, Knobelsdorff-Haus (Potsdam Museum), Museum Barberini. Ganz rechts der Obelisk, der dem Platz einen „römischen Charakter" verleihen sollte.

Populärer Irrtum!

wiederum von einer dem Pantheon in Rom nachempfundenen Steinkuppel mit Atlas-Statue gedeckelt wurde. Auch drinnen entsprach das unproportionierte Gebäude keineswegs einem großzügigen Renaissancepalast. Wegen der schweren Kuppel benötigte man monumentale Stützmauern, daher zog man zum Teil sehr niedrige Zwischengeschosse ein, um Platz für die vorgesehenen städtischen Verwaltungsstellen zu erhalten.

Auch bei vielen anderen Gebäuden war dem König die prächtige Kulisse wichtiger als die Funktionalität. So ließ er etwa bei der Neugestaltung des heutigen Platzes der Einheit die Fachwerkhäuser aus der Zeit seines Vaters einfach stehen und verpasste ihnen lediglich schmucke Steinfassaden. An der Stelle der heutigen Wilhelmgalerie bot sich sogar Platz für einen bombastischen Bau. Hinter der prächtigen Verkleidung des 100 Meter breiten Scheinpalastes mit 33 Fensterachsen verbargen sich aber lediglich sechs einfache Häuser.

Aha

Bauherrengeiz mit Folgen

Friedrich II. sparte und drückte Rechnungen, wo er konnte. Überall witterte er Faulheit und Betrug. Seinen Geiz und seinen Eigensinn bekam er am eigenen Leib zu spüren, als er sich in den – entgegen dem Architektenrat – nicht unterkellerten und daher stets feuchtkalten Räumen seines Lustschlosses Sanssouci die Gicht zuzog. Pfusch am Bau blieb dennoch geradezu ein Markenzeichen des beratungsresistenten Herrschers.

So taugten etwa die schmalen und 13 Meter hohen Obelisken am Neustädter Tor nie zum Tragen von 30 Zentner schweren steinernen Adlern. Schon kurz nach ihrer Fertigstellung im Jahr 1753 schwankten die extrem kopflastigen Stangen bei Sturm bedrohlich hin und her. Eine Neukonstruktion mit leichten blechernen Adlern bewilligte der König erst, als sich am 16. Juli 1776 ein Unglück ereignete. Da nämlich stürzte der aus Blei gefertigte, zwölf Tonnen schwere Atlas von der Kuppel des Rathauses auf den Marktplatz. Beim Aufprall drückte sich die Kugel bis über die Hälfte in das Steinpflaster ein, Tote und Verletzte gab es glücklicherweise keine. Trotz der Mahnung von Fachleuten hatte der König nicht glauben wollen, dass abstürzen könnte, was er zu bauen befohlen hatte. Nunmehr gab er die Order, eine nur noch 1,2 Tonnen schwere Figur aus vergoldetem Kupfer zu verfertigen.

Sparen wollte Friedrich auch 1765, als er die schlichten Fachwerkhäuser am heutigen Platz der Einheit mit imposanten Steinfassaden versehen ließ. Trotz des bekannt sumpfigen Geländes ließ er die massigen Neubauten auf den alten Fundamenten errichten. Konsequenz: Binnen Kurzem zeigten sich Spalten und Absenkungen. Missmutig ließ der König die Häuser wieder abtragen und 1783 auf massiven Fundamenten neu hochziehen. Allein für die sieben Gebäude an der heutigen Friedrich-Ebert-Straße wurden insgesamt 1.506 (!) jeweils 20 Meter lange Eichenpfähle in den sumpfigen Boden eingerammt. Einige dieser Gebäude stehen heute noch – wie zum Trotz gegen Friedrichs Bauherren-Sparmotto: „Ich will nicht wie die Römer bauen, es soll nur bey meinem Leben dauern."

Beim Wiederaufbau wurden in der Friedrich-Ebert-Straße zwei Häuser „ineinandergestaucht", um eine Symmetrie der Fensterachsen zu erreichen: Hinter den rechten Fenstern der Nr. 114 kann man bereits die Wand des Nachbargebäudes erkennen. In diesem Haus, der Nr. 112, wohnte übrigens einst Friedrich Jury, der Schöpfer des vergoldeten Kupfer-Atlas auf dem Rathaus.

Aha EXTRA

Dazwischen- und davorgebaut

Die Original-Palazzi in Vicenza oder Rom, die Friedrich II. als Vorlage für seine Bauten nahm, besaßen keine Zwischengeschosse. Nicht so hingegen die Nachbauten in Potsdam. Denn hinter den prächtigen Kulissen wohnten nicht prunksüchtige Adelige, sondern einfache Leute, die keinen Bedarf für repräsentative Räume hatten.

Was von außen wie die Beletage wirken sollte, war oft nur vorgetäuscht: Dahinter waren sogenannte Mezzaningeschosse eingefügt. Auf diese Weise wollte man das für Bürgerhäuser überdimensionierte Raumvolumen besser ausnutzen und die Heizkosten senken. Allerdings resultierten daraus oftmals sehr unzureichende Wohnbedingungen. Die Räume waren niedrig, das Wohnen unbequem. Besonders kurios fiel das 1755 für die Witwe des Zimmermanns Craatz am ehemaligen Blücherplatz erbaute Haus aus. Diese Kopie eines nach einem Fassadenentwurf von Andrea Palladio in London errichteten Palastes wurde in Abweichung vom Vorbild mit vier statt zwei Geschossen versehen. So reichten die Fenster im Untergeschoss bis an die Decke, die Bogen derselben erhellten das Zwischengeschoss, dies aber nur so, dass man sich auf den Fußboden legen musste, wenn man etwas sehen wollte.

Der Bauherr Friedrich war jedoch nicht nur ein Spezialist für das Dazwischenbauen, sondern auch für das Davorsetzen. Für die Verschönerung der Nikolaikirche ließ er sich etwas ganz Besonderes einfallen: Nach Zeichnungen von Knobelsdorff wurde dem Gebäude von 1752 bis 1755 zur Marktseite hin eine verkleinerte Kopie der Schaufassade von Santa Maria Maggiore in Rom verpasst. Für Potsdamer Verhältnisse überdimensioniert war sie trotzdem, ja, sie war so mächtig, dass die Kirche dahinter beinahe verschwand. Der katholische Protz gefiel der protestantischen Gemeinde nicht, zumal sich durch den mächtigen Vorbau das Innere der Kirche verdunkelt hatte. Der Atheist Friedrich zeigte freilich kein Verständnis und tat die Beschwerden lakonisch mit einem Zitat aus dem Johannesevangelium ab: „Selig sind, die nicht sehen und doch glauben!"

St. Nikolai mit dem „Vorhemdchen", Gemälde von Johann Friedrich Meyer (1771)

Den Potsdamern blieb nur, den Fassadenfimmel ihres Monarchen mit dem Scherzwort vom „Vorhemdchen" auf die Schippe zu nehmen. Ein langes Leben hatte es nicht: Als die Kirche 1795 ein Opfer der Flammen wurde, blieb es noch 16 Jahre alleine stehen, bevor es dem Neubau von St. Nikolai weichen musste.

Populärer Irrtum!

Fontänen-Mathematik

Friedrich der Große hatte sich 1748 der Fantasie hingegeben, neben anderen Wasserspielen in einem großen Bassin vor den Schlossterrassen die höchste Fontäne Europas steigen zu lassen: Mit 100 Fuß (= 30 Meter) sollte sie selbst die in Versailles noch übersteigen! Aber es klappte nicht.

„Eitelkeit der Mathematik!" schimpfte der König 1778 in einem Brief an Voltaire. Er habe von dem berühmten Leonhard Euler die Anlage der großen Fontäne in Sanssouci berechnen lassen, doch es sei nicht gelungen, das Wasser in das dafür vorgesehene Bassin hochzupumpen. Seitdem hatte der Mathematiker den Ruf weg, als Physiker und Praktiker nichts zu taugen.

Der Plan war, über einen Kanal Wasser von der Havel in einen Saugbrunnen am Rand des Parks zu leiten, von dem aus es per Windmühlenkraft über eine etwa 1.000 Meter lange Leitung in ein 50 Meter höhergelegenes Reservoir auf dem Ruinenberg gepumpt werden sollte. Von dort aus sollte die Speisung der Wasserkünste per Fallleitung erfolgen. Der Pumpmechanismus funktionierte halbwegs, allerdings erwiesen sich die von den Fontänenbauern verwendeten Röhren aus Fichtenbohlen, die mit schweren eisernen Bändern zusammengehalten wurden, als untauglich: Bei der ersten Probe stieg das Wasser in der Druckleitung auf etwa 20 Meter, da zerbarsten bereits die Rohre am unteren Ende. Ein neuer Versuch mit ausgebohrten Fichtenstämmen scheiterte ebenso kläglich. Als man dann endlich Rohre aus Blei verwendete, war deren Durchmesser so klein, dass das Wasser nur tröpfchenweise oben ankam.

Nur einem schneereichen Winter war es zu verdanken, dass das Reservoir im Frühjahr 1754 so weit gefüllt war, dass dem ungeduldigen König eine erste Fontänenprobe vorgeführt werden konnte. Und tatsächlich: 50 Fuß hoch erhob sich am 12. April der Strahl! Als der aber nach einer Dreiviertelstunde verendete, rief der König erbost: „Wer hat das befohlen?!" Nach weiteren gescheiterten Versuchen mit neuen „Experten" und enormem Materialverbrauch gab Friedrich das Projekt 1780 endgültig auf. Er hatte darauf rund 170.000 Taler verschwendet.

Eine bescheidenere, vielleicht 20 Meter hohe Fontäne wäre wohl möglich gewesen – hätte Friedrich auf seinen Mathematiker gehört und an der richtigen Stelle mehr Geld ausgegeben, nämlich für wirkliche Experten und entsprechend dimensionierte Leitungen aus Blei oder Gusseisen. Euler jedenfalls hatte, so haben die Nachforschungen des Physikers und Wissenschaftshistorikers Michael Eckert ergeben, die Druckverhältnisse durchaus richtig berechnet und taugliche Empfehlungen abgegeben.

Ab Oktober 1842 „zauberte" eine Dampfmaschine in der „Moschee" an der Neustädter Havelbucht endlich regelmäßig Fontänen in den Park.

Aha EXTRA

Das Legoland-Tor

Friedrich der Große liebte es nicht, wenn man ihn korrigierte oder ihm gar widersprach. Daher vermieden es seine Baumeister tunlichst, Korrekturen an den Entwürfen des Bauherrn vorzunehmen oder auch nur nähere Informationen einzufordern. Das konnte kuriose Konsequenzen haben. Als der König 1754 mit einer selbst gefertigten und bemaßten Skizze an Johann Gottfried Büring herantrat und diesem befahl, auf die angegebene Weise an der Nauener Straße ein Torgebäude im allerneuesten gotischen Geschmack zu errichten, traute sich der Architekt nicht, sachdienliche Nachfragen zu stellen. Unglücklicherweise hatte Büring keine Ahnung, dass der König die Angewohnheit hatte, dasjenige als „Fuß“ („pieds“) zu bezeichnen, was im militärischen Zusammenhang ein Schritt war. Der aber maß ungefähr die dreifache Länge des sonst im Bauwesen üblichen rheinländischen Fußes. Bis der König den Irrtum bemerkte, war bereits in groben Zügen eine erste „Legoland-Version“ des heutigen Nauener Tores errichtet worden. Der korrekt bemaßte zweite Bau ist heute als ältestes Beispiel neogotischer Architektur auf dem europäischen Festland bekannt.

Das Nauener Tor um 1850 (Stahlstich). Vor den beiden neogotischen Türmen stand bis 1869 noch das alte barocke Stadttor.

Architekten in Ungnade

Unter König Friedrich II. Baumeister in Potsdam zu sein, war kein Zuckerschlecken. Sein Rheinsberger Freund Knobelsdorff bekam über dem ständigen Streit ein Leberleiden und starb im Alter von nur 54 Jahren. Die Fontänen-Versager Bouman und Heintze sollten auf lebensgroßen Gemälden als „holländische Esel" verballhornt werden (wovon der König dann Abstand nahm).
Heintze starb bald aus Gram, Bouman wurde zur Trockenlegung von Sümpfen abkommandiert. Johann Gottfried Büring, wegen angeblicher Trödelei und zu hohen Kostenvoranschlägen häufig gerügt, brachte 1764 der Vorwurf schlampiger Abrechnung (zusammen mit dem Kollegen Hildebrandt) einen 24-stündigen Arrest ein. Danach meldete er sich krank, durfte zur Kur nach Bad Lauchstädt – und kehrte nie mehr zurück. Carl von Gontard, der viel beschäftigte Schöpfer von etwa 70 Bürgerhäusern und Palastfassaden, landete gleich zweimal im Arrest (1768 und 1775). Es waren die üblichen Vorwürfe: Zu zögerlicher Baufortschritt und fehlerhafte Abrechnungen. Auch der Baudirektor Heinrich Ludwig Manger landete im Gefängnis. Nach 14 Tagen befreite ihn am 17. August 1786 der Tod des Königs. Mangers Rache: Seine „Baugeschichte von Potsdam" liest sich teilweise wie das Skript zu einer „heute-show" über den Alten Fritz.

Sinn für Humor: Heinrich Ludwig Manger, Königlich-preußischer Ober-Baurat zu Potsdam

Aha

Figuren erzählen

Auf Potsdamer Dächern wimmelt es von Figuren. Die allermeisten beziehen sich auf die antike Mythologie. Besonders häufig zu sehen sind – als Personifizierungen soldatischer Tugenden – Mars, Minerva und Herkules, die Gartenbaukunst ist symbolisiert in Flora und Pomona, den Göttinnen der Blumen und der Baumfrüchte.

Die Figuren auf dem Rathaus stellen mit ihren Attributen die bürgerlichen Tugenden dar (v. l. n. r.): Die Wachsamkeit bewirkt die Standhaftigkeit des Gemeinwesens, der Wohlstand wird durch gerechtes Maß garantiert und der Handel durch Vorsicht behütet. Auf einem Neubau an der Ecke Friedrich-Ebert-Straße/Yorckstraße, der dem einstigen Postgebäude von 1784 nachempfunden ist, sind Merkur mit Flügelhelm und Briefkuvert sowie eine geflügelte Fama mit einem Horn zu sehen, auf der Seite zum Stadtkanal weibliche Personifikationen der Erdteile Europa, Asien, Afrika und Amerika. Witzig wird es bei den Figurengruppen auf dem Giebel des ehemaligen Lazaretts Leibgarde in der Lindenstraße 25: links ein Feldscher mit Klistierspritze, rechts einer mit Löffel und Arzneiglas. Daneben machen sich die Patienten bereit, die jeweilige Behandlung entgegenzunehmen. Der Bildhauer vertauschte allerdings die Patienten – und verspottete damit die „Kunst" der Ärzte.

An die vielen Kriege Friedrichs II. erinnert die – wenig heroische – Großskulptur von Georg Friedrich von Boumann auf dem Kammergebäude der der Roten Kaserne in der Nedlitzer Straße.

Aha EXTRA

Der Kutscher Pfund(t)

Quadriga des Bildhauers Johann Eckstein auf dem 1787 bis 1790 erbauten Kutschpferdestall am Potsdamer Neuen Markt. Der Lenker des Gespanns ist eine Darstellung des Leibkutschers Friedrich des Großen, Johann Georg Pfund(t).

Im Südwesten des Neuen Marktes steht der ehemalige königliche Kutschpferdestall, kurz nach dem Tod Friedrichs II. von seinem Neffen und Nachfolger Friedrich Wilhelm II. errichtet. Auffällig ist, dass die Figuren über der Einfahrt keine heroischen Herrscherszenen zeigen, sondern einfache Pferdeknechte bei der Pflege des Materials. Noch ungewöhnlicher: Die Darstellung des Leibkutschers Friedrich II., Johann Georg Pfund(t), der ein scheuendes Viergespann vor einem leeren Cabriolet (ein sog. Phaeton) heftig antreibt.
Dem Wagenlenker, der die damals extrem holprigen Wege äußerst geschickt zu meistern wusste, wurde nachgesagt, sehr ungehobelt und selbst gegenüber dem König unverschämt gewesen zu sein. Mit den Herbergsgebern auf seinen Standardstrecken habe der Pfiffikus Prämien vereinbart: Seien die üblichen zehn Taler verweigert worden, habe er den König zur Weiterfahrt überredet. Als der Virtuose bei schneller Fahrt doch einmal den Wagen umgeworfen und der König sich beschwert habe, so eine andere Anekdote, habe er forsch erwidert: „Wat denn! Haben Eure Majestät denn noch nie eine Schlacht verloren?“ (Man erinnere sich: Kolin, Hochkirch, Kunersdorf …)

Weltberühmter Kammerherr

Während seiner Kronprinzenzeit musste der als undiszipliniert geltende Friedrich Wilhelm II. auf Geheiß seines Onkels Friedrich II. – wohl aus erzieherischen Gründen – ein sehr bescheidenes Bürgerhaus am Alten Markt 1 bewohnen. Interessant ist: Hier kam nicht nur der spätere König Friedrich Wilhelm III., sondern vermutlich auch der berühmte Minister und Bildungsreformer Wilhelm von Humboldt (1767 bis 1835) zur Welt.
Wilhelms Vater Alexander Georg diente der Kronprinzessin als Kammerherr. Und sein Bruder, der weltbekannte Naturforscher Alexander (1769 bis 1859), sollte ab 1805 selbst den Titel eines Kammerherrn tragen.
Kammerherr nannte man ursprünglich den Aufseher über die Räume des Königs. Alexander von Humboldt, der sich besonderer königlicher Gunst erfreute, leistete seinen Dienst im fortgeschrittenen Alter vor allem als Unterhalter. Im Sommer durfte der Weitgereiste in einem extra für ihn eingerichteten Zeltzimmer im Schloss Charlottenhof biwakieren. In den Wintermonaten freilich zog er es vor, gut geheizte Räume im Potsdamer Stadtschloss zur Arbeit an seinem epochalen Werk „Kosmos" nutzen: Nach seinen langen Aufenthalten in den Tropen hatte er es gerne kuschelig.

Die Konterfeis der Brüder Humboldt zierten die 5-DM-Münze der BRD (1967)

Das Mühlen-Müllerhaus

Aha EXTRA

Die Historische Mühle von Sanssouci ist die Rekonstruktion einer 1791 fertiggestellten Holländerwindmühle. Die berühmte Legende um den Müller von Sanssouci rankt sich um einen Vorgängerbau, die Bockwindmühle eines Müllers namens Grävenitz, der eine Beeinträchtigung der Windzufuhr durch den nahen Schlossbau befürchtete. Eingewoben ist darin der reale Gerichtsstreit des Müllers Arnold gegen den Grafen von Schmettau in Pommerzig (Neumark). Das Zentrum der Geschichte bildet die Drohung des Königs, dass er sich die Mühle jederzeit einfach so nehmen könne, woraufhin der Müller – in Bezugnahme auf die in Preußen für jedermann garantierte Rechtssicherheit – erwidert habe: „Ja, Majestät, wenn das Kammergericht in Berlin nicht wäre!"

In Wahrheit hatte Friedrich nichts gegen Windmühlen, im Gegenteil. In seiner Regierungszeit wurden Dutzende der nützlichen und zugleich malerischen Apparate gebaut. Ähnlich positiv war sein Nachfolger eingestellt. Friedrich Wilhelm II. ließ 1795 am Heiligen See direkt gegenüber dem Marmorpalais sogar ein Müllerhaus im gotischen Stil errichten, das – mit vier Flügeln um einen oktogonalen Mittelbau – selbst wie eine Mühle gestaltet war. Das Gebäude, das in einer gewollten Sichtbeziehung zur Gotischen Bibliothek stand, musste 1913 einem Villengarten weichen.

Das Mühlen-Müllerhaus (links) und das Marmorpalais am Heiligen See. Darstellung nach einer Zeichnung von Julius Gottheil (um 1850)

Aha

Potsdam. Eine Zeitreise

Die Geschichte Potsdams umfasst mehr als eintausend Jahre. Viele Jahrhunderte hatte die kleine Siedlung an der Havel keine große Bedeutung. Erst als brandenburgisch-preußische Residenzstadt entfaltete sie ihren bis heute berühmten Glanz.

993 Erste urkundliche Erwähnung einer slawischen Siedlung namens Poztupimi („Unter den Eichen").

1317 Erstmals ist von einer Stadt und Burg Potsdam die Rede.

1415 Friedrich I. aus dem Hause Hohenzollern wird Kurfürst von Brandenburg.

1660 Friedrich Wilhelm, Brandenburgs Großer Kurfürst, erwählt Potsdam neben Berlin zur zweiten Residenz.

1686 Ankunft der ersten Hugenotten-Flüchtlinge aus Frankreich. Angelockt hatte sie das im Vorjahr verkündete kurfürstliche „Edikt von Potsdam".

1701 Der Sohn des Großen Kurfürsten krönt sich in Königsberg als Friedrich I. zum König in Preußen. Zu diesem Anlass wird in Potsdam das Fortunaportal errichtet.

1713 Friedrich Wilhelm I., der „Soldatenkönig", beginnt mit dem Ausbau der ihm direkt unterstellten Residenzstadt zur bedeutendsten Garnison Preußens mit insgesamt rund 15.000 Einwohnern.

1735 Die neue Garnisonkirche bildet zusammen mit der Heilig-Geist- und der St.-Nikolai-Kirche den berühmten Potsdamer „Dreikirchenblick".

1740 Friedrich II. (der Große) sorgt in 46-jähriger Herrschaft für ein prachtvolles Stadtbild („friderizianischer Barock").

1795 Mit der Strecke Berlin-Potsdam beginnt der Aufbau eines brandenburgisch-preußischen Strassennetzes.

1806 Besetzung Potsdams durch Napoleon. König Friedrich Wilhelm III. und Königin Luise fliehen vorübergehend nach Ostpreußen.

1809 Nach fast einem Jahrhundert unter direkter Königsherrschaft bekommt Potsdam wieder ein Stadtparlament.

1815 Ende der Befreiungskriege. Potsdam entwickelt sich zur Beamtenstadt.

1833 Der Gartenkünstler Peter Joseph Lenné erstellt für den kunstsinnigen Kronprinzen (den späteren Friedrich Wilhelm IV.) einen „Verschönerungs-Plan der Umgebung von Potsdam".

1838 Eröffnung der Eisenbahnlinie Berlin – Potsdam.

1848 Im Zuge der Revolution kommt es auch in Potsdam zu Unruhen.

1874 Baubeginn der Forschungseinrichtungen am Telegrafenberg.

1880 Potsdam bekommt eine Pferde-Bahn.

1911 Am 9. September landet am Luftschiffhafen der erste Zeppelin.

1912 Start der Filmproduktion in den neuen Babelsberger Ateliers.

1917 Mit dem im englischen Landhausstil gehaltenen Schloss Cecilienhof wird der letzte große Hohenzollernbau abgeschlossen.

1918 Die Novemberrevolution führt zur Abdankung von Kaiser Wilhelm II. Potsdams Schlösser werden verstaatlicht.

1922 Fertigstellung des „Einsteinturms" auf dem Telegrafenberg. Zweck dieses Sonnenobservatoriums ist die experimentelle Bestätigung der Relativitätstheorie.

1924 Einweihung des Sonnenobservatoriums „Einsteinturm" auf dem Telegrafenberg. Sein Hauptzweck: die Gültigkeit der Relativitätstheorie experimentell zu bestätigen.

1933 Die am 21. März mit militärischem Pomp gefeierte Eröffnung des neuen Reichstags in der Garnisonkirche geht als „Tag von Potsdam" in die Geschichte ein.

1938 Vollendung der NS-Wohnsiedlung „Friedrichstadt" am Schillerplatz.

1939 Das aus den Gemeinden Nowawes und Neubabelsberg gebildete Babelsberg wird zu Potsdam eingemeindet.

1944 Am 20. Juli findet ein Attentat auf Hitler statt. Viele Offiziere der Potsdamer Garnison befinden sich im Widerstand gegen die nationalsozialistische Gewaltherrschaft.

1945 Am 14. April wird Potsdam bei einem Luftangriff schwer getroffen („Nacht von Potsdam"). Am 27. April weht auf der Ruine des Stadtschlosses die Fahne der Roten Armee. Am 17. Juli beginnt im Schloss Cecilienhof die alliierte Siegerkonferenz.

1949 In der Wilhelm-Staab-Straße und in der Yorckstraße werden in mehrjähriger Bauzeit neue Häuser mit barocken Fassaden errichtet.

1952 Potsdam wird Hauptstadt eines DDR-Bezirks.

1954 In Babelsberg wird die Deutsche Hochschule für Filmkunst gegründet.

1961 Der Bau der Mauer trennt Potsdam von Westberlin.

1968 Acht Jahre nach der Sprengung der Reste des Stadtschlosses fällt auch der Turm der Garnisonkirche.

1969 Eröffnung des DDR-Prestigebaus „Interhotel" (heute Mercure).

1970 „Am Stern" entsteht in Plattenbauweise das größte zu DDR-Zeiten errichtete Wohngebiet in Potsdam.

1981 Fertigstellung der Humboldtbrücke.

1989 Am 4. November demonstrieren im Zuge der „friedlichen Revolution" 20.000 Menschen auf dem Luisenplatz. Kurz darauf fällt die Mauer.

1990 Potsdam wird Hauptstadt des Landes Brandenburg. In Golm entsteht ein neuer Forschungsstandort.

1991 Die Kulturlandschaft der Schlösser und Gärten wird in die UNESCO-Welterbeliste aufgenommen.

1993 Zum 1.000-jährigen Bestehen Potsdams wird die Rekonstruktion der Holländermühle am Schloss Sanssouci vollendet.

2001 Einweihung des Fortunaportals. Der Wiederaufbau des alten Zentrums im Stil friderizianischer Erinnerungsarchitektur beginnt.

2014 Eröffnung des neuen Landtags. Seine Fassade ist dem ehemaligen Stadtschloss nachempfunden.

2020 Am 3. Oktober findet der Festakt zum 30-jährigen Jubiläum des Tages der Deutschen Einheit in Potsdam statt.

Blick vom Brauhausberg im Jahr 1985 (Ansichtskarte). Damals herrschte gähnende Leere auf dem Platz, wo heute der auf dem Grundriss des alten Stadtschlosses neu errichtete Landtag steht.

Populärer Irrtum!

Ein dicker Taugenichts?!

Friedrich Wilhelm II., seit 1786 König, war das krasse Gegenbild zu seinem Vorgänger. Er zechte übermäßig und er huldigte den Frauen. Aber war er wirklich nur, wie es im Volk hieß, ein „dicker Lüderjahn"?

Mit seiner Gattin zeugte er sechs Kinder, mit der kunstsinnigen Trompetertochter Wilhelmine Enke, spätere Gräfin Lichtenau – erst Mätresse, die sich barbusig porträtieren ließ und dann lebenslange Freundin –, hatte er weitere fünf. Dazu kamen neben der offiziellen noch zwei „morganatische" Ehen linker Hand (bei der die Nebenfrauen nicht erbberechtigt waren) sowie ungezählte Liebschaften.

Zudem hatte der Mann einen Hang zum Okkulten. Unter dem Einfluss von dubiosen Beratern, trat er dem Geheimbund der Rosenkreuzer bei. Seinen Rückzugsort, den Neuen Garten mit dem Marmorpalais, gestaltete er als mystischen Ort: mit Pyramide, die auch als Eiskeller genutzt wurde, mit einem eingesunkenen Küchen-Tempel, mit einer von zwei Sphingen bewachten Orangerie und weiteren altägyptischen Staffagen, mit Muschelgrotte und versteckter Eremitage. Für seinen früh verstorbenen Lieblingssohn Alexander – die Mutter war Wilhelmine – ließ er eine Gedächtnisurne aufstellen, um hier aus dem Jenseits dessen Stimme zu vernehmen.

Für die Potsdamer war dieser König nur ein maßloser Nichtsnutz. Aber sie hatten ihn wohl unterschätzt. Im Gegensatz zu seinem Vorgänger, der alles Französische bevorzugte und die deutsche Orthografie kaum beherrschte, förderte Friedrich Wilhelm die deutsche Kunst. Der hervorragende Cellist hatte ein Faible für junge deutsche Komponisten. 1789 empfing er Mozart, 1796 den 25-jährigen Beethoven, der so vehement in die Tasten schlug, dass man um den kostbaren Silbermann-Flügel fürchten musste – und dennoch helle Begeisterung auslöste. Carl Gotthard Langhans, Architekt des Brandenburger Tores zu Berlin, gestaltete die Innenräume des Marmorpalais im frühklassizistischen Stil und entwarf die gotische Bibliothek, einen zweistöckigen Pavillon am Heiligen See, der im ersten Stock ausschließlich deutsche Bücher beherbergte. An preußischen Theatern wurden nun Stücke von Friedrich Schiller und Gotthold Ephraim Lessing aufgeführt. „Dem Vergnügen der Einwohner" widmete er das ebenfalls von Langhans entworfene erste öffentliche Theater Potsdams.

Mit der Einrichtung des General-Chausseebau-Departements im Jahr 1792 machte sich der König auch um die dringend nötige Verbesserung der Verkehrsverhältnisse im wirtschaftlich aufstrebenden Preußen verdient. Wilhelmine, inzwischen Gräfin Lichtenau, betreute ihren schwer kranken Ex-Liebhaber 1797 in seinen letzten Tagen im Marmorpalais als enge Vertraute. Das nach ihr benannte nahe gelegene Palais Lichtenau, um auch das noch zu klären, hat sie nie bewohnt.

Wilhelmine Enke, seit 1794 Wilhelmine Gräfin von Lichtenau. Porträt von Anna Dorothea Therbusch, 1776

Die Gedenkurne für den im Alter von acht Jahren verstorbenen Alexander von der Mark (illegitimer Sohn von Wilhelmine Enke und Friedrich Wilhelm II.).

Das Bogenrelief von Johann Gottfried Schadow über dem Eingang der 1796 errichteten sogenannten Schauspielerkaserne in der Posthofstraße 22

Populärer Irrtum!

Luises Hochzeits-Vorfeier

Nach gängiger Ansicht haben die Schwestern Luise und Friederike vor ihrer Hochzeit mit den preußischen Königssöhnen in Berlin im Potsdamer Stadtschloss übernachtet und sich vor den zu erwartenden Anstrengungen noch einmal ausgeruht. Tatsächlich feierten sie im Hause Goldschmidt bis in die Nacht.

Ganz Potsdam war am 21. Dezember 1793 auf den Beinen, um die Prinzessinnen von Mecklenburg-Strelitz, die 17-jährige Luise und ihre zwei Jahre jüngere Schwester Friederike zu feiern. Diese sollten in einer Doppelhochzeit in Berlin den Kronprinzen Friedrich Wilhelm bzw. den Prinzen Friedrich Ludwig heiraten.

Der erste Empfang fand auf dem Luisenplatz statt, der diesem Ereignis denn auch seinen Namen verdankt. Um 17 Uhr wurde durch drei in der Brandenburger Vorstadt aufgefahrene Kanonen das Signal für die Ankunft der Prinzessinnen gegeben, die mit großem Gefolge und begleitet von zahllosen Reitern in einer grün-roten englischen Kutsche anreisten. An der Einmündung der heutigen Zeppelinstraße passierte der Zug eine erste von mehreren, mit Girlanden und allerlei Pflanzen geschmückten Ehrenpforte. Entlang dicht gereihter Menschen, begleitet von Hochrufen und einem Regen von Blumen, ging es weiter bis zum Stadtschloss.

Nach etlichen Ehrbezeigungen der Bürgerschaft während des großen Empfangs im Marmorsaal nahmen die aufgekratzten Prinzessinnen hocherfreut die Einladung des jüdischen Hoffaktors Bendix Goldschmidt und seiner Frau Ziporra entgegen, die in ihrem Haus in der nahe gelegenen Hohewegstraße einen Ball gaben. Und so vergnügten sich die tanzwütigen Schwestern in einem hell erleuchteten Saal voller munterer Menschen.

Die berühmte Prinzessinnengruppe – links Luise, rechts Friederike – des Bildhauers Johann Gottfried Schadow. Gipsausführung von 1795 in der Friedrichswerderschen Kirche, Berlin

„Erst morgens um 4 Uhr", wusste die „Vossische Zeitung", sei das Fest geendigt worden – „mit Trompeten und Pauken und dem dreimaligen frohen Ruf: ‚Es lebe das königliche Haus!'".

Die Geschichte zeigt, dass privilegierte Juden zu Zeiten der Regentschaft Friedrich Wilhelms II. ein anerkannter Teil selbst der besten Gesellschaft waren. Das sollte sich bekanntlich ändern.

Böse Glocken

1796 ordnete Königin Luise an, dass das Glockenspiel der Garnisonkirche ab sofort regelmäßig ihre beiden Lieblingsmelodien spielen solle. Es erklang nun zu jeder vollen Stunde „Lobe den Herren, den mächtigen König der Ehren" im Wechsel mit dem Halbstunden-Lied „Üb' immer Treu und Redlichkeit" von Ludwig Hölty – bis zum 14. April 1945: Da schmolzen die Glocken im Feuer des Bombenbrandes.
Eine aus Spendengeldern finanzierte Initiative des Oberstleutnants Max Klaar aus Iserlohn baute in den 1980er-Jahren eine Nachbildung. Das aus 40 Glocken bestehende Carillon wurde der Stadt Potsdam geschenkt und am 14. April 1991 auf dem Plantagenplatz aufgestellt. Nun erklangen wieder die bekannten Lieder – bis der Potsdamer Oberbürgermeister Mike Schubert im September 2019 die Abschaltung verkündete. Er reagierte damit auf den Vorwurf, dass sich auf den Glocken – von denen manche ehemaligen Wehrmachtseinheiten oder rechtsgerichteten Verbänden gewidmet sind – revanchistische Inschriften befänden. Schon 1991 hatte die Stadt die Aufstellung erst genehmigt, nachdem alle den ehemaligen preußischen Provinzen – Königsberg, Ostpreußen, Schlesien etc. – gewidmeten Glocken eingeschmolzen und neu gegossen worden waren.

Das umstrittene Glockenspiel auf dem Plantagenplatz

Aha

Frau in Uniform

Unter der Direktion des Generals Friedrich Wilhelm von Rohdich hatten sich am Ende des 18. Jahrhunderts die Verhältnisse im Potsdamer Militärwaisenhaus wesentlich gebessert. Seine Mittel waren: Reduktion der Insassen, Verringerung der Arbeitsstunden, Aufpäppelung der Kinder auf dem Land, Betonung des Lernens. Nun konnten in dieser Anstalt wieder brauchbare und robuste Soldaten und Bürger für Preußen produziert werden. Mit erstaunlichen Ergebnissen: Eleonore Prochaska, als Mädchen im Waisenhaus erzogen, schloss sich während der Befreiungskriege gegen Napoleon in Männerkleidung dem Freikorps Lützow an. Dort fiel der „Jäger Renz" mit großen Füßen, derber Sprache und bemerkenswerter Kochkunst auf, nicht aber als junge Frau. Während eines Gefechts trug sie schwere Verletzungen davon, denen sie am 5. Oktober 1813 erlag. Zwei Tage später erschien ein Nachruf auf die während der Wundversorgung als Frau enttarnte Heldin:
„Heute morgen um 9 Uhr wurde die Leiche der in der Schlacht an der Göhrde verwundeten Eleonore Prochaska zur Erde bestattet, welche als Jäger im Lützowschen Korps unerkannt ihren Arm der heiligen Sache des Vaterlandes geweiht hatte. Gleich einer Jeanne d'Arc hatte sie mutvoll gekämpft den Kampf für König und Vaterland. Trauernd folgten dem Sarge, der von ihren Waffenbrüdern getragen wurde, das hannoveranische und russisch-deutsche Jägerkorps … Eine dreimalige Gewehrsalve rief der vom Sturm des Krieges geknickten Lilie den letzten Gruß nach in das Grab."

Bildnis der Eleonore Prochaska. Eine am Waisenhaus angebrachte Tafel erinnert an sie.

Aha

Die Russische Kolonie

Südlich des Pfingstberges wurde in den Jahren 1826 bis 1827 die Russische Kolonie Alexandrowka erbaut. Ihre ersten Bewohner waren russische Soldaten, ehemalige Kriegsgefangene, die 1812 in Folge von Napoleons Feldzug gegen Russland nach Potsdam gebracht und auf Wunsch des Königs zu einem Chor formiert worden waren.

Im Jahr 1813 – Preußen hatte sich inzwischen gegen Napoleon gewendet und stand auf Seiten Russlands – wurden die Gefangenen mit Zustimmung des Zaren Alexander I. dem 1. Garde-Regiment zu Fuß zugeordnet. Sie hatten während der Feldzüge preußische Offiziere mit ihrem Gesang zu unterhalten, nach dem Krieg sang der Chor einige Male an der königlichen Tafel, öffentliche Auftritte gab es nur wenige.
1825 veranlasste der Tod des mit ihm eng befreundeten Zaren König Friedrich Wilhelm III., als ein „bleibendes Denkmal der Erinnerung" eine Kolonie zu gründen. Nach Plänen Peter Joseph Lennés gruppieren sich bis heute zwölf zum Teil zweigeschossige Holzhäuser samt Gemüsegärten und Stallungen um eine zentrale Weggabelung in Form eines Andreaskreuzes, den Abschluss des Areals bildet die russisch-orthodoxe Alexander-Newski-Gedächtniskirche auf dem Kapellenberg. Die reich verzierten Gebäude sollten wie „typisch russische" Blockhäuser wirken, tatsächlich aber hatte man gewöhnliche deutsche Fachwerkhäuser errichtet und entsprechend verkleidet.
Für echtes russisches Flair sorgten allerdings die Bewohner, nämlich zwölf verheiratete Sängersoldaten, die zu dieser Zeit noch in Potsdam lebten.
Ein deutscher Feldwebel des Garde-Regiments bewohnte als Aufseher das 13. Haus in der Mitte der Anlage.

Die Kolonie besaß Vorbilder: Bei St. Petersburg hatte der preußische König idealisierende Dorfensembles kennengelernt, die (angeblich) einer „National-Architektur" entsprachen. Der Zar hatte ihm auch für Soldaten und ihre Familien erbaute Dörfer vorgeführt, in denen die Bewohner durch Selbstversorgung ihren Sold aufbessern sollten. Der Plan, beide Modelle in der Potsdamer Kolonie zusammenzuführen, ging jedoch nicht auf: Gartenbewirtschaftung und Viehhaltung erbrachten keine nennenswerten Erträge, und sehr bald wurde von Alkoholmissbrauch und Eheproblemen berichtet. Die Untervermietung, die ab 1828 genehmigt war, bot den Bewohnern eine Möglichkeit zur Verbesserung ihres Lebensunterhalts.

Der König schien bald das Interesse an dem lebendigen Freundschafts-Denkmal und seinen Bewohnern verloren zu haben. Der letzte Auftritt des Chors an der königlichen Tafel ist für 1830 bezeugt. 1861 starb der letzte Sänger, 2008 der letzte der direkten Nachkommen in der Kolonie. Heute sind die restaurierten Häuser in Privatbesitz und gehören seit 1990 zum Welterbe der UNESCO.

Die Russische Kirche und Häuser der Kolonie Alexandrowka. (Lithografie, ca. 1829)

Geknickt in der Sichtachse

Gartenbaukunst, Natur und Architektur verbinden sich in Potsdam zu einem Gesamtkunstwerk von Ansichten und Aussichten – wofür dann auch mal ein paar Flutlichtmasten geknickt werden müssen.

Als Friedrich Wilhelm IV. am 7. Juni 1840 die Königskrone von Preußen übernahm, wurde der 45-Jährige mit freudiger Erwartung begrüßt. Im Gegensatz zu seinem zurückhaltenden und wortkargen Vater galt der selbst ernannte Architekt und „Romantiker auf dem Thron", von dem rund 7.000 Projektskizzen überliefert sind, als Mann von großen geistigen und künstlerischen Gaben. Unter seiner Regie und mit der entscheidenden Hilfe des Gartenkünstlers Peter Joseph Lenné wurden die Grundlagen geschaffen für die weiträumige hügel- und wasserreiche Kulturlandschaft mit den Schlossbauten, Villen und Parks des heutigen UNESCO-Welterbes. Ein Netz von Sichtachsen, also bewusst angelegten und freigehaltenen Schneisen, die einen Blick auf bedeutende Bauwerke oder landschaftsprägende Elemente ermöglichen, wurde zum wesentlichen Gestaltungselement dieses visuellen Reiches von „Augenfreupunkten", für den sich der Ausdruck „preußisches Arkadien" einbürgerte.

Die Sichtachsen vom Belvedere auf dem Pfingstberg eröffnen Blicke auf Heilandskirche und Pfaueninsel, zum Casino im Park Glienicke, über den Neuen Garten hinweg zum Schloss und zum Flatowturm im Park Babelsberg, zur Potsdamer Innenstadt mit Rathaus und Nikolaikirche, und in Richtung Westen zum Neuen Palais und zum Belvedere auf dem Klausberg sowie zum Krongut Bornstedt. Noch freier ist der Rundblick vom Umgang auf der Spitze des Flatowturms. Von ihm führt eine Sichtachse sogar zum Jagdschloss Stern – wenngleich das bescheidene Gebäude, das Friedrich Wilhelm I. 1730 im Stil

„Blick nach Rom“ von der Terrasse der Neuen Orangerie auf den Turm der Friedenskirche (Vorbild: Santa Maria di Cosmedin) und die Kuppel von St. Nikolai (Vorbild: Petersdom).

Für freie Sicht vom Flatowturm: geknickter Flutlichtmast

eines holländischen Bürgerhauses hat errichten lassen, zwischen den dort zu DDR-Zeiten entstandenen Hochhäusern allenfalls zu erahnen ist. Man muss es sich eben vorstellen können: „Hier ist Arkadien, vor Dir, um Dich, es sei nur in Dir!“, schrieb Johann Gottfried Herder in seinem Aufsatz „Idyll“.

Trotz dieses auch bei besten Wetterbedingungen eher imaginären Durchblicks gerierte sich die Stiftung Preußische Schlösser und Gärten als strenge Wächterin der „visuellen Integrität“ des Kulturerbes, als der 2001 in die 2. Bundesliga aufgestiegene SV Babelsberg 03 sich anschickte, das direkt in dieser Sichtachse liegende Karl-Liebknecht-Stadion mit Flutlichtmasten auszurüsten. Man einigte sich auf eine einzigartige Lösung: Der Verein darf sein Licht bei Abendspielen haben, die vier je 38 Meter hohen Flutlichtmasten müssen jedoch mit Gelenken ausgestattet werden, sodass das obere Drittel nach dem Abpfiff abgeknickt werden kann.

Aha

Romantik neben Hunger

Romantische Bauten und die Verschönerung von Gebäuden, meist in dem von ihm höchstselbst vorskizzierten „italienischen Villa-Styl", unterstützte der von Italien begeisterte Friedrich Wilhelm IV. mit teilweise sehr großzügigen Geldern. Beispiele sind etwa die Villen des privaten Stallmeisters Gottlieb Brandt (Zeppelinstraße 189), des Königlichen Küchenmeisters Johann Pichowsky (Reiterweg 3) oder des Kunstgärtners Martin Ludwig Heydert (Friedrich-Ebert-Straße 83). Die „allerhöchsten Gnadengeschenke" konnten einige Hundert Taler oder sogar mehrere Tausend Taler betragen. Im Fall der Turmvilla des prinzlichen Hofmarschalls Kurd Wolfgang von Schöning, die als würdiges Gegenüber der italienisierenden Schlossanlage Glienicke des Prinzen Carl gestaltet werden sollte, waren es zum Beispiel 8.000 Taler.
Die damals knapp hundert Jahre alten Weberhäuschen in Nowawes hingegen hielt der König nicht für verschönerungswürdig. Da kein romantischer Mehrwert zu erzielen war, gab er auch dann kein Geld, als die Weber nicht einmal mehr ihr bescheidenes Jahreseinkommen von rund 60 Talern zu erzielen vermochten und Hunger litten. Am 6. November 1843 beschied Friedrich Wilhelm ein Hilfeersuchen mit der lapidaren Antwort: Es könne „den Bittstellern nur überlassen und dringlich angeraten werden, sich durch eigene Kraft und Betriebsamkeit ihrer misslichen Lage zu entziehen".
Das funktionierte leider nicht. Missernten und Steigerungen der Lebensmittelpreise verstärkten das Elend so sehr, dass es im April 1847 auch in Berlin zu Hungerunruhen kam (sog. Kartoffelrevolution). Diese soziale Krise wird von Historikern heute als Vorspiel für die Märzrevolution von 1848 interpretiert.

Die restaurierte Villa Schöningen vor romantischer Abendsonne. Zu DDR-Zeiten stand das Gebäude direkt an der Mauer.

Aha EXTRA

Gotteshaus mit Technik

Der nach dem Heiligen Nikolaus benannten und von Karl Friedrich Schinkel 1830 im klassizistischen Stil neu entworfenen zentralen Kirche Potsdams fehlte zunächst die 77 Meter hohe Tambourkuppel, die heute das Stadtbild prägt. Der mächtige Aufbau mit einem Durchmesser von 24 Metern erschien König Friedrich Wilhelm III. zu dominant. Er hielt die Konstruktion für äußerst gewagt und nicht zuletzt war ihm das Ganze auch viel zu teuer. Das würfelförmige Gotteshaus bekam daher zunächst nur ein flaches Satteldach. In Absprache mit dem kunstsinnigen Kronprinzen und hinter dem Rücken des Königs bereitete Schinkel den Bau jedoch für eine spätere Ergänzung mit einer Kuppel vor.

Die Nikolaikirche (Querschnitt-Zeichnung von Gustav Emil Prüfer, 1853)

Die Schinkel-Schüler Persius und Stüler vollendeten den Kuppelbau von 1843 bis 1850 unter dem neuen König Friedrich Wilhelm IV. Vier Glockentürme waren keine Zierde, sondern aus statischen Gründen nötig. Um das Gewicht des Tambours zu reduzieren, wurde den Ziegeln leichte Kieselgur beigemengt, für die Innenkuppel verwendete man hohle Tonsteine, die in Gipsmörtel verlegt wurden. Zur ingenieurtechnischen Meisterleistung geriet die Außenkuppel: Erstmals kam in Preußen eine von der Firma Borsig gefertigte gusseiserne Rippenkonstruktion zur Anwendung, die zum Ausgleich der thermischen Dehnung auf Rollen gelagert wurde.

Aha

Antirevolutionäres Triumphtor

Der bekannteste Triumphbogen Potsdams ist das Brandenburger Tor. Friedrich der Große feierte damit seinen Sieg im Siebenjährigen Krieg (1756 bis 1763). Das auf Veranlassung Friedrich Wilhelms IV. erbaute Triumphtor am Fuße des Winzerbergs hingegen rühmt die Niederschlagung der bürgerlichen Revolution von 1848/49.

Das dem römischen Argentarierbogen nachempfundene Triumphtor (1850/51). Architekt war Friedrich August Stüler.

Gedacht war das Tor als Auftakt einer bis zum Belvedere auf dem Klausberg reichenden Hohenzollern-Triumphstraße. Mit Ausnahme der gigantischen Neuen Orangerie, die bis heute über dem Park von Sanssouci thront, kam das Projekt aber nur in Fragmenten zur Ausführung. Fehlende finanzielle Mittel ließen die monumentalen Träume Friedrich Wilhelms scheitern. Es war eine große Enttäuschung für den Mann, der sich als christlich-germanischer König „von Gottes Gnaden" sah und es daher im April 1849 ablehnte, sich von der Frankfurter Nationalversammlung zum Kaiser wählen zu lassen: Diese Krone sei, so meinte er, vom „Ludergeruch der Revolution" beschmutzt.

Wie die Erzengel-Michael-Plastik hinter dem Babelsberger Schloss, in der die Vernichtung des „Drachens der Revolution" mithilfe himmlischer Mächte symbolisch dargestellt ist, feiert das Triumphtor die preußischen Truppen, „welche den Aufruhr in der Rheinpfalz und in Baden besiegten". Im Juni 1849 war der Bruder des Königs, Kronprinz Wilhelm, an der Spitze von etwa 60.000 Soldaten nach Südwestdeutschland gezogen, um dort den Aufstand der Demokraten zu zerschlagen. Die Freischärler hatten gegen die Übermacht der preußischen Armee keine Chance, viele waren hernach hingerichtet worden.

Einer von ihnen war der gebürtige Potsdamer Maximilian Dortu. Der gerade erst 23 Jahre alte Kämpfer für eine demokratische Republik war vom Standgericht des 1. Armeekorps der Königlich-Preußischen Operations-Armee als Deserteur und Hochverräter zum Tod verurteilt und am 31. Juli 1849 an der Friedhofsmauer von Wiehre bei Freiburg erschossen worden. Auf den angehenden Juristen, einer der Wortführer der Revolution in Potsdam, geht die berühmte Wortschöpfung „Kartätschenprinz" zurück: Der Ausdruck bezog sich auf den rücksichtslosen Einsatz der vom Kronprinzen befehligten Truppen bei den Barrikadenkämpfen in Berlin im März 1848 und hatte Dortu eine Verurteilung wegen Majestätsbeleidigung eingebracht.

Max Dortu (1826-1849). In DDR-Tagen wurden in Potsdam eine Straße und eine Schule nach dem Revolutionär benannt.

Aha

Vorspiel für Eisen und Blut

In seinen „Gedanken und Erinnerungen" schildert der damals als Diplomat tätige Otto von Bismarck ein geschichtsträchtiges Ereignis im Schlosspark von Babelsberg: Am 22. September 1862 hielt er den vom parlamentarischen Streit um die Heeresreform entnervten König Wilhelm I. während eines Spaziergangs davon ab, zugunsten seines als liberal geltenden Sohnes Friedrich abzudanken.

Wilhelm machte gleich zu Beginn dieses historischen Gespräches deutlich, dass er einen Minister benötige, der sich dem Königtum gegenüber unbedingte loyal zeige. Als Bismarck seine Bereitschaft erklärte, sich notfalls auch gegen die Majorität des preußischen Landtages für die Militär-Reorganisation einzusetzen, legte der König die bereits vorbereitete Abdankungsurkunde zur Seite und lud zu einem Spaziergang. Im Park gab er Bismarck ein acht Seiten starkes, handschriftliches Programm seiner politischen Absichten zu lesen. Das Gespräch kam wieder auf die Heeresreform und Bismarck betonte deren grundlegende Bedeutung: Es gehe bei dieser Frage um nichts weniger als um die Entscheidung „Königliches Regiment oder Parlamentsherrschaft". Die Letztere sei „unbedingt und auch durch eine Periode der Diktatur abzuwenden". Im Zweifel werde er „lieber mit dem König untergehen, als Eure Majestät im Kampfe mit der Parlamentsherrschaft im Stiche lassen". Der von Bismarcks Entschlossenheit beeindruckte König zerriss daraufhin das Programm. Er war schon im Begriff, so Bismarck, „die Stücke von der Brücke in die trockne Schlucht im Park zu werfen, als ich daran erinnerte, dass diese Papiere mit der bekannten Handschrift in sehr unrechte Hände geraten könnten. Er fand, dass ich Recht hätte, steckte die Stücke in die Tasche, um sie dem Feuer zu übergeben …"

Der König berief Bismarck zum Ministerpräsidenten und Außenminister. Am 30. September hielt dieser vor der Budgetkommission des preußischen Abgeordnetenhauses seine berühmteste Rede: „Nicht durch Reden und Majoritätsbeschlüsse werden die großen Fragen der Zeit entschieden [...] – sondern durch Eisen und Blut." So wurde denn die Ära Bismarck nicht zufällig durch die militärischen Erfolge in den „Reichseinigungskriegen" geprägt (Dänischer Krieg 1864, preußisch-österreichischer Krieg 1866 und deutsch-französischer Krieg 1870/71). Im Babelsberger Park erinnern daran die Granitsäule mit der bronzenen Siegesgöttin Victoria, eine verkleinerte Nachbildung der großen Schwester in Berlin (Bildhauer: Christian Daniel Rauch) sowie die Feldherrenbank, die bis 1945 zwölf Bronzeköpfe der wichtigsten Befehlshaber trug. Die Büste Bismarcks, der hier auch vertreten war, ist verschollen.

Wilhelm I. und Bismarck in Babelsberg. (1862.)

Wilhelm I. und Bismarck im Park von Schloss Babelsberg (1862)

Schloss Babelsberg

Aha

Der Stein vom Kilimandscharo

Deutsche Zeitungen meldeten in den Jahren 1889/90 Erstaunliches: Der Gipfel des höchsten Berges des Deutschen Reiches befinde sich in Potsdam. Die Rede war vom Kibo, der mit 5.895 Metern höchsten Erhebung des Kilimandscharo.

Den höchsten Gipfel Afrikas in der Kolonie Deutsch-Ostafrika, so berichteten die Journalisten überschwänglich, habe Hans Meyer, der deutsche Erstbesteiger, am 6. Oktober 1889 im dritten Anlauf endlich bezwungen. Auf den Lavagipfel habe Meyer die deutsche Fahne gepflanzt, „den höchsten Punkt afrikanischer und deutscher Erde" dem deutschen Kaiser gewidmet und ihn „Kaiser-Wilhelm-Spitze" getauft.

Die patriotische Tat brachte dem Bergsteiger höchste Ehren ein: Der Kaiser beglückwünschte ihn und nahm aus seinen Händen einen schwarzen Lavastein entgegen, den Meyer als Symbol für die Inbesitznahme von der Bergspitze mitgebracht hatte. Der Stein soll Wilhelm II. einige Zeit als Briefbeschwerer gedient haben, bevor der ihn zu einem Dekorationsstück umarbeiten und mit der Aufschrift „Spitze des Kilimandscharo 1890" versehen in eine Wand des

Links: Titelblatt des Kilimandscharo-Buches von Hans Meyer (1888). Rechts: die (angebliche) Spitze des Kilimandscharo im Muschelsaal des Neuen Palais

Grottensaales im Potsdamer Neuen Palais einsetzen ließ. Mit dem Ende des deutschen Kolonialreiches endete 1918 auch die Geschichte des „höchsten deutschen Berges" in Afrika.
Und der Stein? Als die Potsdamer Schlösserverwaltung Anfang der 1980er-Jahre im Rahmen von Restaurierungsarbeiten die vielen Tausend Mineralien, Gläser und Muscheln des Grottensaales untersuchte, stellte sich heraus, dass anstelle der Bergspitze ein Lavastein aus einem deutschen Mittelgebirge in der Wand steckte. Die Frage, wann der originale Stein verschwand und wer ihn durch einen anderen Brocken ersetzt hat, lässt sich heute nicht mehr beantworten. Möglicherweise wurde er bei Bauarbeiten versehentlich herausgeschlagen oder schlicht als Erinnerungsstück gestohlen und durch einen beliebigen Stein ersetzt. Wie auch immer: Der Gipfelstein war und blieb verschwunden.
Die Geschichte von der „Spitze des Kilimandscharo", die noch heute im Neuen Palais zu besichtigen sei, hat sich aber bis in die Gegenwart hartnäckig gehalten.

Aha

Balkentelegraf und Knallfunk

Zu den bekanntesten wissenschaftlichen Einrichtungen Potsdams gehören die erste speziell für Astrophysik errichtete Sternwarte („Großer Refraktor"), das Sonnenobservatorium „Einsteinturm" sowie das Potsdam-Institut für Klimafolgenforschung auf dem Telegrafenberg. Weniger bekannt ist, woher der Telegrafenberg seinen Namen hat.

Als Preußen 1815 auf dem Wiener Kongress das Rheinland zugesprochen bekam, hatte es plötzlich eine gemeinsame Grenze mit Frankreich. Um im fernen Berlin möglichst frühzeitig Kenntnis von militärischen Aktivitäten des seit Napoleon als „Erbfeind" betrachteten westlichen Nachbarn zu erlangen, sollten Nachrichten schneller transportiert werden als durch die bis dahin eingesetzte Kurierreiterei. Wie so etwas aussehen konnte, hatten ausgerechnet die Franzosen vorgemacht, als sie 1794 eine optische Telegrafie-Vorrichtung auf der Linie Paris–Lille in Betrieb nahmen. Zwei an einem hohen Mast angebrachte, über Seilzüge schwenkbare Querbalken, an deren Ende jeweils zwei weitere Balken angebracht waren, erlaubten die Anzeige unterschiedlicher, chiffrierter Buch-

Der Turm der Heilandskirche in Sacrow war einst ein Funkmast.

Das Wort „Klugscheißer" auf optotelegrafisch

staben. Die einzelnen Stationen standen so weit auseinander, dass die telegrafierten Zeichen mit dem Fernrohr noch sicher zu erkennen waren – wenigstens tagsüber und bei guter Sicht. Die Zeichen wurden in der Nachbarstation, die bis zu zwölf Kilometer entfernt sein konnte, sofort am Mast eingestellt und an die nächste Station übermittelt, von wo sie wiederum weitergeleitet wurden.

1830 wurde der erste Streckenabschnitt der preußischen Linie zwischen Berlin und Potsdam fertiggestellt. Er lief vom Dach der alten Berliner Sternwarte über die Dorfkirche in Dahlem, den Schäferberg in Wannsee bis zum Telegrafenberg in Potsdam, auf dem heute eine Nachbildung des Telegrafen zu sehen ist. 1833 wurde die Strecke mit 61 Stationen bis Koblenz ausgebaut. Die Übertragungsgeschwindigkeit betrug, je nach Länge der Nachrichten, zwischen eineinhalb und mehr als zwölf Stunden. 1856 war die Ära der optischen Telegrafie in Preußen schon wieder beendet, nachdem die einzelnen Streckenabschnitte durch eine kabelgebundene Telegrafenlinie ersetzt worden waren.

Im Sommer 1897 war Potsdam erneut Schauplatz einer Innovation in der Nachrichtentechnik. Der Berliner Adolf Slaby und sein Assistent Georg Graf von Arco arbeiteten an der Verbesserung des Knallfunks, der wenige Jahre zuvor entwickelten drahtlosen Telegrafie. Die ersten Übertragungsversuche über eine längere Strecke glückte den beiden Forschern zwischen dem Glockenturm der Heilandskirche von Sacrow und der Matrosenstation Kongsnaes am Potsdamer Jungfernsee. Das „Telegrafieren ohne Draht", wie es eine Zeitung damals nannte, gelang über eine Strecke von 1,3 Kilometern. 1903 mündeten Slabys und Arcos Forschungen in die Gründung der Firma Telefunken. Ihr erster Technischer Direktor wurde Graf von Arco, ihr Markenzeichen der „Knallfunken".

TELE FUN KEN®

Populärer Irrtum!

Revolution im Kaiserwahlkreis

Nach gängiger Meinung war die Wählerschaft in der Residenz-, Garnison- und Beamtenstadt Potsdam stets kaisertreu und stockkonservativ. Die These, dass die „Roten" hier nie etwas zu sagen gehabt hätten, ist allerdings nicht ganz zutreffend.

Tatsächlich saß in der von Hoflieferanten und Staatsbediensteten dominierten Stadtverordnetenversammlung von Potsdam zu Kaisers Zeiten nie ein Sozialdemokrat. Auch bei den Reichstagswahlen war der Wahlkreis, der neben Potsdam auch noch Spandau und das Osthavelland umfasste, eine Domäne der Deutschkonservativen Partei. Trotzdem kam es dann mal anders: Am 12. Januar 1912 schaffte es der zuvor zweimal gescheiterte SPD-Kandidat Karl Liebknecht, den langjährigen Potsdamer Oberbürgermeister Kurt Vosberg zu überflügeln. Vor der Stichwahl herrschte Panik im Lager der Konservativen. Man scheute nicht einmal davor zurück, in Pressemitteilungen den wirtschaftlich von der Residenz und der Garnison abhängigen Wählern mit einem – frei erfundenen – Katastrophenszenario Angst zu machen: Im Falle einer Wahl Liebknechts werde die kaiserliche Familie mit allen Prinzen und dem gesamten Hofstaat Potsdam verlassen und die Gardetruppen würden ebenfalls abgezogen. Es nützte nichts. Karl Liebknecht gewann am 25. Januar mit 24.299 zu 20.369 Stimmen gegen Vosberg als erster Sozialdemokrat den „Kaiserwahlkreis".

Klar war: Die entscheidenden Stimmen hatte Liebknecht trotz intensiver Wahlkampfbemühungen nicht in Potsdam geholt, sondern in den traditionell „roten" Industriestandorten Spandau und Nowawes. 4.000 Menschen feierten ihren Reichstagsabgeordneten bei eisiger Kälte (Minus 21 Grad) im heutigen Babelsberg, wo zu dieser Zeit unter anderem die Lokfabrik Orenstein & Koppel, ein Brauhaus sowie zahlreiche Textilbetriebe vielen Menschen Arbeit gaben.

Im Reichstag trat Liebknecht sofort als entschiedener Gegner einer Heeresvorlage auf, und im November 1914 stimmte der überzeugte Pazifist, dabei aus der Parteidisziplin der SPD ausscherend, gegen die Bewilligung der Kriegskredite. Die Zustimmung dafür hatten ihm seine Potsdamer Genossen in ihrem Parteilokal in der Hegelallee 38 erteilt, später verteidigte er seine Ansichten vor großem Publikum in der heutigen Theaterklause in der Zimmerstraße. Das vormalige Gesellschaftshaus „Alter Fritz", dessen Saal über 1.000 Personen fasste, war seit Anfang des 19. Jahrhunderts eine beliebte Arbeiterkneipe und Treffpunkt für Sozialdemokraten.

Das Ende des KPD-Mitbegründers Karl Liebknecht ist bekannt: Im Zuge der Niederschlagung des Spartakusaufstandes wurden er und Rosa Luxemburg am 15. Januar 1919 von Angehörigen der Garde-Kavallerie-Schützen-Division im Berliner Tiergarten ermordet.

Liebknecht-Gedenktafel an der Hauswand der Hegelallee 38

Die Gaststätte „Alter Fritz"

Wiege der Olympiasieger: der „Land- und Wassersportplatz Luftschiffhafen" mit Regattahaus (Postkarte von 1940)

Luft- und Wasserrekorde

Welterbestätten, Wissenschaft, Musik, Kultur, Weltgeschichte – die Liste der Dinge, mit denen Potsdam in Verbindung gebracht wird, ist lang. Dass in der Stadt auch wichtige Kapitel der frühen Luftfahrtgeschichte geschrieben wurden, ist dagegen weitgehend in Vergessenheit geraten.

Ein wichtiger Anlaufpunkt für deutsche Flugpioniere war das Bornstedter Feld. Hier schraubte Orville Wright im September 1909 den Höhenweltrekord auf sagenhafte 275 Meter; er überbot damit seinen nur wenige Tage zuvor in Berlin aufgestellten Weltrekord um 103 Meter. Wright inspirierte damit eine ganze Reihe von jungen Fliegerassen wie Wilhelm Focke oder den Sohn des Bornstedter Pfarrers, Werner-Alfred Pietschker, die von dem damaligen Exerzierplatz zu ihren aufsehenerregenden Flügen aufbrachen.
Während auf dem heute bebauten Feld allenfalls die Orville-Wright-Straße an die frühere Fliegerei erinnert, weisen Orts- und Straßennamen wie die Zeppelinallee oder Am Luftschiffhafen auf ein anderes Kapitel Potsdamer Flughistorie hin: Im Jahre 1911 ließ Ferdinand Graf von Zeppelin am Ufer des Templiner Sees einen 25 Hektar großen Luftschiffhafen bauen, samt einer riesigen Luftschiffhalle zum Bau der Fluggeräte. 1916 wurde die Produktion nach dem Bau von nur 16 Zeppelinen eingestellt, da die gasgefüllten Luftschiffe sich im Kriegseinsatz des Ersten Weltkriegs als extrem anfällig und gefährdet erwiesen hatten. Drei Jahre später untersagte der Vertrag von Versailles dem Deutschen Reich den Bau und Einsatz von Luftschiffen und Motorflugzeugen und setzte damit auch der Potsdamer Luftfahrt ein Ende.

Vom früheren Luftschiffhafen ist nur noch das historische Portal erhalten. Nach verschiedenen Umbauten dient es inzwischen als Eingangsbereich des Olympiastützpunktes Potsdam, der sich heute auf dem Areal an der Havel befindet. Die Stadt hatte das Grundstück 1924 zurückgekauft und den „Land- und Wassersportplatz Luftschiffhafen" errichtet. Damit war der Grundstein für den heutigen Olympiastützpunkt gelegt, der maßgeblich zu den Erfolgen Potsdamer Sportler bei den Olympischen Spielen beigetragen hat: Von 1896 bis 2016 gewannen Sportler, die für einen Potsdamer Verein an den Start gegangen waren, 168 Gold-, Silber- und Bronzemedaillen – und damit fast zehn Prozent aller von Sportlern des Deutschen Olympischen Sportbundes und seinen Vorgängerorganisationen gewonnenen Medaillen. Hierbei entfielen die meisten auf den Kanusport (Kajak und Canadier). Rekord-Olympiasiegerin mit acht Gold- und vier Silbermedaillen (1988 bis 2004) ist Birgit Fischer vom ASK Vorwärts Potsdam (später KC Potsdam).
Bleibt noch zu ergänzen, dass PotsdamerInnen nicht nur auf dem Wasser äußerst erfolgreich waren. So gewannen etwa die in Babelsberg beheimateten Fußballerinnen des 1. FFC Turbine Potsdam bis 2012 insgesamt 17 Titel, darunter zweimal den Europapokal. Und der Potsdamer Kevin Kuske, erfolgreichster Wintersportler Brandenburgs, wurde als schnellster Anschieber im Bobsport viermal Olympiasieger und sechsmal Weltmeister.

War im Kajak nahezu unschlagbar: Birgit Fischer

Aha

Filmstadt Babelsberg

Kein anderer Ort in Deutschland ist so eng mit dem Film verbunden wie Babelsberg. Seit 1911 wurden hier mehr als 3.000 Filme gedreht und produziert, von dem ersten, „Der Totentanz" mit Asta Nielsen (1912), bis zu den neueren, zum Teil koproduzierten Kinofilmen wie „Bridge of Spies" (2015) und verschiedensten Fernsehfilmen und -serien.

1924 übernahm die UFA (bis 1991 Universum Film AG) die Studios von dem Gründungsunternehmen, der Deutschen Bioskop. Die 1920er-Jahre waren die große Zeit der Studios, in denen Filme entstanden wie „Das Cabinet des Dr. Caligari" (1920), „Der letzte Mann" (1924) oder „Metropolis" (1927). Hier arbeiteten Regisseure wie Fritz Lang, Ernst Lubitsch oder Friedrich Wilhelm Murnau oder erlernten, wie Alfred Hitchcock, das Handwerk.

In Babelsberg wurden Filmstars „geboren", hoch bezahlte Schauspieler wie Willy Fritsch, Lilian Harvey oder Gustav Fröhlich kauften sich in die am nahen Griebnitzsee gelegene Villenkolonie Neubabelsberg ein.

Einige, wie Marika Rökk oder Brigitte Horney, schreckten nach 1933 nicht davor zurück, von der „Arisierung" jüdischer Villen zu profitieren und ihr Anwesen für einen Spottpreis zu erwerben. Das in der Kolonie gelegene Gästehaus der UFA beherbergte für die Zeit ihres Engagements Schauspieler wie Marlene Dietrich, Hans Albers oder Heinz Rühmann. Die burgähnliche Villa des Architekten Gustav Lilienthal wird noch heute „Rühmann-Villa" genannt, obwohl der Schauspieler, der 1938 ein Anwesen am nicht weit entfernten Kleinen Wannsee bezog, nie fest in Neubabelsberg wohnte.
Fünf politische Systeme, vom Kaiserreich bis in die bundesdeutsche Gegenwart, prägten die in Babelsberg entstandenen Filme. Den Umbrüchen beim Wechsel vom Stumm- zum Tonfilm folgte der Aderlass von 1933, als viele Regisseure, Schauspieler und Arbeiter Deutschland verlassen mussten und die Filmproduktion ganz und gar auf die Ziele des NS-Staates ausgerichtet wurden.
1946 ging aus der UFA in Babelsberg die DEFA hervor. Filme wie „Die Mörder sind unter uns" (1946) oder „Der Untertan" (1951) thematisierten NS-Verbrechen und wilhelminischen (Un-)Geist oder, wie „Spur der Steine" (1966), die Gegenwartsprobleme in der DDR.

Nach der Auflösung der DEFA 1990 und einer kurzen und wechselvollen Geschichte residiert auf dem Gelände die heutige Studio Babelsberg AG und ist Teil der Medienstadt Babelsberg, zu der unter anderem auch verschiedene Rundfunk- und Fernsehanstalten, ein Vergnügungspark und die Filmuniversität gehören. Mit einer Fläche von 160.000 qm^2 ist das Studio Babelsberg heute wieder der größte zusammenhängende Filmstudiokomplex Europas.

Das Filmmuseum ist im ältesten Gebäude der Stadt Potsdam untergebracht: dem 1685 als Orangerie erbauten Marstall.
Rechts: Eine Statue auf dem Gelände des Filmparks in Babelsberg stellt die Kunstfigur „Maria" aus dem Film „Metropolis" dar.

Populärer Irrtum!

Der Mythos vom Handschlag

Am 21. März 1933, dem „Tag von Potsdam", wurde der antidemokratische Bund zwischen den Nationalsozialisten und der alten preußischen Elite plakativ in Szene gesetzt. Er wird bis heute als propagandistische Meisterleistung von Joseph Goebbels gesehen. Die Wahrheit ist: Geplant war wenig.

Nach der Wahl eines neuen Reichstags am 5. März 1933 musste man neue Räumlichkeiten suchen, denn wenige Tage zuvor war das Reichstagsgebäude in Berlin abgebrannt. So kam es am 21. März – ohne die Sozialdemokraten und die bereits verbotenen Kommunisten – zu einem Staatsakt in der Potsdamer Garnisonkirche: Der Reichspräsident und der Reichskanzler hielten Reden, es folgte eine Kranzniederlegung in der Gruft Friedrichs des Großen, dann vor der Kirche der berühmte Handschlag zwischen dem befrackten Hitler und dem in der Uniform des Generalfeldmarschalls erschienenen Hindenburg, und zum Schluss gab es noch eine Militärparade. Die eigentliche konstituierende Sitzung fand am selben Tag in der Berliner Kroll-Oper statt.

Die Potsdamer Historiker Thomas Wernicke und Martin Sabrow haben die Hintergründe des Ereignisses in der mit schwarz-weiß-roten Flaggen des Kaiserreichs und Hakenkreuzfahnen geschmückten Stadt näher ausgeforscht. So sei der Veranstaltungsort Garnisonkirche gar keine Idee Hitlers gewesen, sondern ein Vorschlag des Potsdamer Magistrates. Goebbels, der sein Amt als Propaganda-Minister eben erst angetreten hatte, habe die Veranstaltung keineswegs akribisch durchgeplant, sondern lediglich die Rundfunkübertragungen organisiert. Auch das Handschlag-Foto sei kein Propaganda-Coup gewesen, sondern ein eher zufälliger Schnapp-

Das Pressefoto, das Theo Eisenhart für die „New York Times" schoss (links), wurde erst nach 1945 zur Medienikone. Die NS-Propaganda hingegen bevorzugte grellere Darstellungen des symbolischen Bündnisses zwischen Preußentum und Nationalsozialismus.

schuss nach dem Festakt. Schließlich: In der zeitgenössischen Wahrnehmung sei nicht der linkisch wirkende Zivilist Hitler der Star des Ereignisses gewesen, sondern der ordengeschmückte „Ersatzkaiser" Hindenburg. Die Folge: Die Rechtskonservativen hätten weiterhin davon träumen dürfen, die Nationalsozialisten einzuhegen und die politische Führung im Sinne der althergebrachten preußischen Werte zu behalten.

Bekanntlich kam es anders. Bald warb das Verkehrsamt der Stadt Potsdam auf Faltblättern mit der Abbildung der Garnisonkirche und dem Slogan „Geburtsstätte des Dritten Reiches". Das berühmte Handschlag-Foto mit dem sich tief verbeugenden Hitler hingegen war für eine ikonografische Überhöhung im Sinne der NS-Regimes nicht besonders tauglich. Auf Postkarten wurde denn auch der bereits in der Kirche erfolgte „markigere" Handschlag der Protagonisten als Motiv bevorzugt, vor allem aber wurden heroische Illustrationen und Collagen mit einem uniformierten Hitler produziert, auf denen das Bündnis zwischen dem „alten" und dem „neuen" Deutschland durch Friedrich II. symbolisch abgesegnet wird.

Populärer Irrtum!

Grafen im Widerstand

Jeder kennt Claus Schenk Graf von Stauffenberg, den Attentäter vom 20. Juli 1944. Weniger bekannt ist, dass es zahlreiche weitere adlige Offiziere gab, die sich zum Widerstand gegen den „Führer" Adolf Hitler entschlossen hatten.

Das Potsdamer Infanterie-Regiment 9 (I.R. 9) war eine Einheit der Wehrmacht. Sein Spitzname „Regiment Graf Neun" bezog sich auf den auffallend hohen Anteil adliger Offiziere. Der Hintergrund: Für die Söhne von Offizieren der alten kaiserlichen Armee war das Regiment, das sich in der Tradition des berühmten preußischen 1. Garde-Regiments zu Fuß sah, besonders attraktiv. Natürlich mussten auch diese Offiziere den Eid auf den „Führer" Adolf Hitler leisten, doch gemäß dem Leitspruch „semper talis" (stets der Gleiche) fühlte sich ein großer Teil vor allem den ritterlichen Ehrbegriffen preußischen Soldatentums verpflichtet. Über ein Dutzend Offiziere des I.R. 9 gingen in den Widerstand, als sie während des Krieges mit Verbrechen konfrontiert wurden. Einer von ihnen war Axel Freiherr von dem Bussche-Streithorst. Als hochdekorierter Oberleutnant wurde er am 5. Oktober 1942 in der Ukraine Zeuge einer von SS- und SD-Männern durchgeführten Massenexekution von über dreitausend jüdischen Zivilisten (Männern, Frauen und Kindern). Das traumatische Erlebnis motivierte ihn, sich dem Widerstandskreis gegen das Hitler-Regime anzuschließen.

Wie von Tresckow, der seit Mitte 1942 mehrmals vergeblich versucht hatte, Anschläge auf Hitler zu organisieren, unternahm auch von dem Bussche-Streithorst einen Attentatsversuch. Sein Vorhaben, Hitler bei einer für den 21. November 1943 vorgesehenen Vorführung neuer Uniformen im „Führerhauptquartier Wolfsschanze" zu töten, kam aber nicht zur Ausführung, da der Termin abgesagt wurde. Im Januar 1944 wurde Bussche so schwer verwundet, dass er sich an den Vorbereitungen für den Umsturzversuch vom 20. Juli 1944 („Operation Walküre") nicht mehr beteiligen konnte.

Tresckow, als Generalmajor in Russland eingesetzt und daher am Anschlag nicht unmittelbar beteiligt, setzte seinem Leben am Tag nach dem gescheiterten Staatsstreich ein Ende. Der in einem SS-Lazarett liegende Bussche entging der Verfolgungswelle und überlebte den Krieg. Die meisten Offiziere der Verschwörergruppe wurden vom Volksgerichtshof zum Tode verurteilt und in Berlin-Plötzensee hingerichtet. Ihnen und den anderen Widerstandskämpfern des I.R. 9 ist eine sehenswerte Dauerausstellung in der ehemaligen Kaserne in der Henning-von-Tresckow-Straße gewidmet.

Der Wahlspruch „semper talis“ wurde 1957 vom Wachbataillon beim Bundesministerium der Verteidigung übernommen.

Der Eingang zur ehemaligen Kaserne des I.R. 9 in der heutigen Henning-von-Tresckow-Straße. Direkt neben der ehemaligen Kaserne liegt das Geburtshaus eines weiteren Widerstandskämpfers: Adam von Trott zu Solz.

Populärer Irrtum!

Konferenz der Entscheidungen

Nach dem Sieg über Nazi-Deutschland wollten die Regierungschefs der drei Siegermächte USA, Großbritannien und UdSSR zur Regelung der Nachkriegsprobleme eine Konferenz in Berlin abhalten. Da sich aber in der zerstörten Hauptstadt kein geeignetes Gebäude finden ließ, wurde sie nach Potsdam verlegt.

Die Verhandlungen fanden vom 17. Juli bis zum 2. August 1945 im Schloss Cecilienhof statt, dem 1917 im englischen Landhausstil fertiggestellten 176-Zimmer-Wohnsitz des damaligen Kronprinzen Wilhelm und dessen Gemahlin Cecilie. Das offiziell weiterhin als Dreimächtekonferenz von Berlin bezeichnete Treffen endete nicht, wie oft zu lesen ist, mit dem Potsdamer Abkommen, sondern lediglich mit einem Kommuniqué über die gefassten Beschlüsse, Vereinbarungen und Absichtserklärungen. Obwohl kein Vertrag im völkerrechtlichen Sinne, entfalteten die getroffenen Regelungen allerdings dennoch Gültigkeit und Wirkung. Neben der Entmilitarisierung und dem Umgang mit deutschen Kriegsverbrechern erwies sich vor allem die Kompromissformel, dass sich jede Besatzungsmacht aus ihrer Zone Reparationsleistungen entnehmen dürfe, als folgenreich: Die pragmatische Aufteilung forcierte die politische Spaltung Deutschlands und der Welt in „West“ und „Ost“.

Untergebracht waren die Delegationen in der nahe gelegenen Villenkolonie Neu Babelsberg am Griebnitzsee. Josef Stalin, per Bahn aus Moskau über 2.000 Kilometer angereist und unterwegs sowie in Potsdam von mehreren Tausend Mann Sicherungstruppen beschützt, wohnte in der Villa Herpich (Karl-Marx Straße 27). Winston Churchill und sein Nachfolger Clement Attlee residierten in der Villa Urbig (Virchowstraße 23). Harry S. Truman bezog die Villa Müller-Grote (Karl-Marx Straße 2), von den Amerikanern scherzhaft „kleines weißes Haus" genannt. Angeblich hat der amerikanische Präsident hier den Entschluss zum Abwurf der Atombomben auf Hiroshima und Nagasaki gefasst. Richtig ist, dass Truman über den erfolgreichen Atombombentest in der Wüste von New Mexico informiert wurde. Am 24. Juli erteilte er den Befehl, die „erste Spezialbombe" auf Japan, das die bedingungslose Kapitulation verweigerte, abzuwerfen. Laut den Protokollen des geheimen Expertenausschusses („Interim Committee") war jedoch schon vorher entschieden, dass der Einsatz der Bombe so bald als möglich und ohne Vorwarnung erfolgen sollte. Er war nicht nur ein Mittel, ohne hohe Verluste der eigenen Truppen das Ende des Krieges zu erzwingen, sondern er schien auch geeignet, die UdSSR, die bereits den gesamten Osten Europas unter militärischer Kontrolle hatte, von einer weiteren Ausdehnung ihres Machtbereichs abzuschrecken.

Bis heute lassen sich – nicht immer genau zu unterscheiden von neueren „Verewigungen" – an Bäumen am Griebnitzsee gegenüber der Stalinvilla Schnitzereien in kyrillischer Schrift finden. Ihre Verursacher waren gelangweilte russische Wachsoldaten.

Populärer Irrtum!

Die Brücke der Spione

Am 10. Februar 1962 wurde ein Mythos geboren: Auf der Mitte der Glienicker Brücke, die damals die Grenze zwischen Westberlin und Potsdam bildete, wurden der sowjetische Spion Rudolf Abel und Gary Powers, 1960 bei Swerdlowsk abgeschossener Pilot des US-Spionageflugzeugs U-2, gegeneinander ausgetauscht.

Die zuvor nicht angekündigte Aktion rief in der westlichen Welt ein großes Presseecho hervor. Fortan galt die international bis dahin wenig bekannte Brücke als „Brücke der Spione". Es war die Zeit des Kalten Krieges, der großen Spionageromane und der ersten James-Bond-Filme. Die weit verbreitete Annahme, der Agentenaustausch auf der „Brücke der Einheit", wie sie vonseiten der DDR hieß, sei in diesen Jahren quasi zu einer Normalität geworden, ist jedoch falsch: Es kam nur noch zu zwei weiteren Austausch-Aktionen.
Am 11. Juni 1985 überschritten gleich 27 verurteilte Agenten die bereits legendäre Markierungslinie in der Mitte der Brücke, 23 von ihnen wechselten in den amerikanischen Sektor Berlins, vier wurden auf Potsdamer Seite empfangen.

Ein drittes und letztes Mal wurden hier am 11. Februar 1986 die Seiten gewechselt. Dieses Mal begleitete ein ungeheures Medienspektakel den Austausch des Bürgerrechtlers Anatoli Schtscharanski und drei weiteren im Osten inhaftierten Personen gegen fünf Ostagenten. Bereits Tage zuvor hatten sich auf Westberliner Seite Journalisten aus aller Welt mit Wohnwagen und Übertragungstechnik versammelt, um jede Regung auf der Brücke mit Fernsehkameras zu verfolgen und in alle Welt zu senden. Spätestens jetzt war die Glienicker Brücke weltweit zu einem der wichtigsten Symbole des Kalten Krieges geworden; und nach dem Fall der Mauer wurde sie auch zu einem Symbol seiner Überwindung.

Berühmte Grenzstation: die Glienicker Brücke im Mai 1990

Die frühere Teilung der Brücke ist noch heute zu erkennen: an einem Metallband in der Brückenmitte zur Erinnerung an den Grenzverlauf und an den unterschiedlichen Grüntönen des Farbanstrichs – etwas heller die Potsdamer, etwas dunkler die Berliner Seite.
Immer wieder ist zu hören und zu lesen, dass die Farbabweichung an der mangelnden Qualität des „Ost-Lackes" liege, oder dass die DDR-Behörden, als sie Mitte der 1980er-Jahre den Anstrich „ihrer" Brückenhälfte erneuerten, aus Ersparnisgründen den Lack stark verdünnt hätten. Der eigentliche Grund für die Farbabweichung dürfte aber vielmehr an unterschiedlichen Farbwerten der Lacke zu suchen sein: DB 603 lautet die Bezeichnung des dunkleren Farbtons, DB 601 die des helleren. Beide Lacke stammen aus derselben Lackfabrik „im Westen".

Das Kürzel „DB" deutet auf die Verwendung dieser Lacke hin: Sie werden bis heute überwiegend bei der Konservierung von Stahlbrücken im Bereich der Deutschen Bahn verwendet.

Aha

Der Blinddarm der DDR

Gäbe es eine Rangliste der Staaten mit den schmalsten Landesteilen – der DDR wäre ein Spitzenplatz sicher gewesen. Im Potsdamer Ortsteil Klein Glienicke, einer nur 28 Hektar großen „Insel DDR" auf Westberliner Seite, betrug der Abstand von Mauer zu Mauer lediglich 15 Meter. Gerade genug Platz für eine schmale Straße, die die zwei Wohngebiete Klein Glienickes an der engsten Stelle der DDR miteinander verband.

Die Außenwelt war für die etwa 500 ummauerten Einwohner Klein Glienickes nur über eine schmale Brücke erreichbar, die von DDR-Grenztruppen streng bewacht wurde. Auch für DDR-Bürger war der „Blinddarm der DDR" nicht ohne Weiteres erreichbar; nur wer einen Passierschein besaß, durfte die Bewohner der „Zone in der Zone" besuchen. Der Ort dürfte zu den am schwierigsten zu bewachenden Abschnitten der Grenzanlagen um Berlin gehört haben, lebten hier doch die Menschen in unmittelbarer Hör- und Sichtweite zum „Klassenfeind" auf der anderen Seite. Viele Grundstücke grenzten unmittelbar an eine erste Mauer, der sich ein schmaler Postenweg und eine zweite Mauer anschlossen. Das Hantieren in den Gärten mit Leitern wurde streng kontrolliert, sie durften nicht an die Mauer gelehnt und mussten über Nacht angeschlossen werden. Dennoch kam es immer wieder zu Fluchtversuchen der Bewohner. Der wohl spektakulärste gelang im Jahre 1973, als sich zwei Familien aus dem Keller ihres Hauses durch einen 19 Meter langen Tunnel in die Freiheit des Westens gruben.

Die martialischen Anlagen der „Sondersicherheitszone" stießen in Klein Glienicke auf ein dörfliches Idyll der besonderen Art. Inspiriert von einer Reise in die Schweiz hatte der Bruder des preußischen Königs, Prinz Carl von Preußen, in den 1860er-Jahren insgesamt acht „Schweizerhäuser" erbauen lassen. Ergänzt wurde das Ensemble durch einen an den Hängen des Böttcherberges gelegenen Landschaftspark, in dem große, aus Ton gebrannte Felsbrocken ein alpines Flair erzeugen sollten. Heute stehen nur noch vier der Schweizerhäuser, die übrigen fielen nach 1961 dem Mauerbau zum Opfer. Die Felsenlandschaft ist in großen Teilen noch vorhanden und nach ihrer Freilegung und

Restaurierung seit einigen Jahren auch wieder sichtbar. Ob sie den heutigen Betrachter noch an die Schweizer Berge denken lässt, soll dieser selbst entscheiden. Einen Einblick in die Vorstellungswelt längst vergangener Zeiten bietet sie allemal.

Die Tafel 12 der Open-Air-Fotoausstellung „Erinnerungsmarken – Auf den Spuren des Mauerverlaufs in Potsdam – Klein-Glienicke" zeigte zum Jubiläum des Mauerfalls 2019 die „engste Stelle" der DDR an der Wannseestraße/Am Böttcherberg. Unten: Karte Klein Glienicke mit dem Grenzverlauf

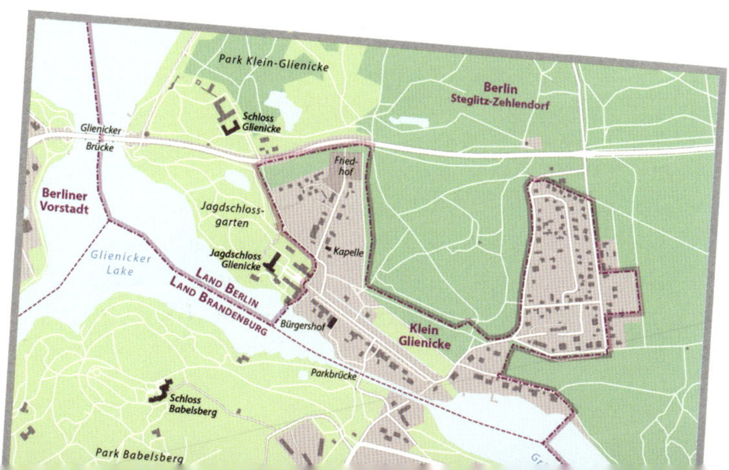

Aha

Sozialistisches Bauen

Böswillige Kommentatoren verorten das Bauen zu DDR-Zeiten zwischen Kahlschlag und Platte. Viele Reste der historischen Bebauung (Stadtschloss, Garnisonkirche) wurden in den 1960er-Jahren gesprengt, Planungen für ein sozialistisches Stadtzentrum nicht konsequent verwirklicht. Einige Bauten sind trotzdem bemerkenswert.

Zu DDR-Zeiten wurden fast alle Kapazitäten benötigt, um die Wohnungsnot zu bewältigen. Dies gelang ab 1970 mit der Massenfertigung im Plattenbausystem WBS 70. Im Zentrum der Stadt herrschte viel Leere. Als höchstes Gebäude entstand ab Ende der 1960er-Jahre das 17-geschossige Interhotel (heute Mercure). Das voluminöse Institut für Lehrerbildung „Rosa Luxemburg" und die angrenzende Wissenschaftliche Allgemeinbibliothek sind inzwischen Neubauten bzw. der Neuen Mitte gewichen. Das ansonsten schmucklose Rechenzentrum gegenüber dem Waisenhaus ist wegen Fritz Eisels Wandmosaik bemerkenswert: Die Arbeit aus dem Jahr 1972 sollte den Fortschrittstriumph des Sozialismus symbolisieren und ist bis heute das bekannteste DDR-Kunstwerk in der Stadt.

Eine besondere Sehenswürdigkeit sind die in den 1950er-Jahren unter Anlehnung am Straßenbild des 18. Jahrhunderts wieder aufgebauten und aufgestockten Häuser in der Wilhelm-Staab-Straße und in der Yorckstraße. Spötter sprechen vom

Mädchen mit Pionierschal am Haus Yorkstraße 13

„DDR-Barock“, andere halten diese Straßen für die schönsten Potsdams. Eine nette Randnotiz: An der Fassade der Yorckstraße Nummer 13 ist statt eines Puttos ein Mädchen mit einem Pionierhalstuch angebracht.

In DDR-Architekturführern als bautechnische Meisterleistung angepriesen wurde das 1969 fertiggestellte „Haus des Reisens“. Um diesem 9-geschossigen Gebäude am Platz der Einheit Standfestigkeit zu verleihen, musste man 82 Pfähle in den sumpfigen Boden rammen und zusätzlich eine meterdicke Schale aus Beton gießen. 2009 wurde es abgerissen und durch einen Neubau ersetzt, der die einstige Alte Post zitiert. Ein bedeutendes Zeugnis für den Stil der Ostmoderne ist das ehemals sehr beliebte Terrassenrestaurant „Minsk“ am Fuße des Brauhausberges aus den 1970er-Jahren. Dank Groß-Mäzen Hasso Plattner darf die langjährige Ruine als Museum für DDR-Kunst wiederauferstehen.

Das wohl bekannteste Gebäude aus DDR-Zeiten aber stammt aus dem Jahr 1739 und wurde dennoch zu einem Symbol für das Unrechtsregime: In dem großen Holländerhaus Lindenstraße 54 und dem sich dahinter verbergenden Gefängnis aus wilhelminischen Zeiten, im Volksmund auch „Lindenhotel“ genannt, waren ab 1953 die Untersuchungsabteilung und die Haftanstalt der Potsdamer Staatssicherheit untergebracht. Als Untersuchungsgefängnis des Volksgerichtshofes in der NS-Zeit sowie danach als Foltergefängnis des russischen NKWD hatte das Gebäude bereits eine traurige Vorgeschichte.

Das ehemals am „Haus des Reisens“ angebrachte „Flugschiff“ von Peter Rohn und Christian Roehl wurde abgenommen und 2015 an der Südfassade des Parkhauses in der Schiffbauergasse angebracht.

Aha

Die Sowjetunion in Potsdam

Mit bis zu 700.000 Soldaten und Angehörigen gilt die Gruppe der Sowjetischen Streitkräfte in Deutschland als das größte Truppenkontingent, das jemals über mehrere Jahrzehnte im Ausland unterhalten wurde. In Potsdam lebten etwa 30.000 von ihnen.

Zur Unterbringung der Soldaten wurden von den Sowjetbehörden ab 1945 ganze Wohnblocks und Straßenzüge beschlagnahmt und von der deutschen Bevölkerung geräumt. So entstanden 26 sogenannte Militärstädtchen – abgeriegelte Bereiche, die über die Stadt Potsdam verteilt waren und zum Teil bis zum Abzug der Armee im Jahre 1994 existierten. Verheirateten Militärangehörigen, vor allem Offizieren und ihren Familien, wurden eigene Wohnungen zugewiesen, während ledige Soldaten unterer Dienstränge in Wohnheimen einquartiert wurden. Die Bewohner der teilweise eingezäunten und mit Kontrollpunkten versehenen Militärstädtchen lebten weitgehend isoliert von der deutschen Bevölkerung, die allenfalls eingeschränkten Zutritt zu den Städtchen hatte.

Eine für die deutsche Bevölkerung regelrecht „Verbotene Stadt" war das Militärstädtchen Nr. 7, ein 16 Hektar großes Gelände zwischen Neuem Garten und Pfingstberg. Die von einer Betonmauer umgebene und mit Wachtürmen versehene „Stadt in der Stadt" bestand aus ca. 100 Häusern mit Wohnungen, einer eigenen Klinik, Kindergärten, Läden, Offiziersklubs und einem Hotel. Im angrenzenden Neuen Garten existierte bis 1953 sogar ein Vergnügungspark, der ausschließlich sowjetischen Armeeangehörigen offenstand. In Sichtweite des Rummels residierte im Kaiserin-Augusta-Stift die Europazentrale des sowjetischen Geheimdienstes, des KGB. In dem ehemaligen Mädchengymnasium wurden zwischen 1945 und den frühen 1980er-Jahren Tausende von Verdächtigen, darunter auch viele Unschuldige, verhört und verurteilt. In der benachbarten Leistikowstraße 1 erwarteten die Gefangenen, Deutsche wie sowjetische Militärangehörige, in Arrestzellen ihre Verurteilung und den anschließenden Transport in die sowjetischen Gulags oder zur Exekution nach Moskau. Die Zellen sind heute in dem zur Gedenk- und Begegnungsstätte umgewandelten Militärgefängnis zu besichtigen.

Wie präsent die sowjetischen Truppen im Straßenbild Potsdams einst waren, ist heute nur noch schwer nachvollziehbar. Eines der wenigen noch sichtbaren Zeugnisse dieser Zeit ist der Zentrale Sowjetische Ehrenfriedhof auf dem Bassinplatz. Insgesamt 383 Gräber und ein Ehrenmal erinnern an die Gefallenen der Roten Armee bei der Schlacht um Berlin und somit daran, dass es vor den Schrecken des Militärstädtchens Nr. 7 noch etwas anderes gegeben hatte: die Befreiung der Menschen von den Schrecken des Nationalsozialismus durch sowjetische Soldaten.

Sowjetrussische Spuren: Roter Stern, Relief an der Wand einer Sporthalle in der Kaserne Krampnitz (links), das Denkmal auf dem Ehrenfriedhof am Bassinplatz (rechts). Der linke Soldat trägt übrigens eine PPSch-41-Maschinenpistole: Sie war quasi ein „Markenzeichen" der Rotarmisten.

Betonierte Erinnerungs-Zitate

Rund um den Alten Markt entstand ab der Jahrtausendwende ein neues Zentrum im Stil des 18. Jahrhunderts. Zu sehen ist heute allerdings keine getreue Rekonstruktion der Originale, sondern eine Erinnerungsarchitektur in barockem Gewand – geformt aus Beton.

Hier entstehe nicht das wiederhergestellte Schloss Friedrichs des Großen, „sondern ein Neubau, aber einer, der einen alten Rahmen für einen neuen Inhalt schafft", erklärte der Architekt des 2014 fertiggestellten Potsdamer Landtages, Peter Kulka.

Friedrichs Architekt Knobelsdorff hatte das Stadtschloss bis 1752 mit zwei Kolonnaden, klarer Säulengliederung, Dreiecksgiebeln sowie reichem Figuren- und Vasenschmuck völlig neu gestaltet und mit den zu Kopfbauten erweiterten Seitenflügeln eine Art doppelte Tempel-Front zum Alten Markt geschaffen. Eine Fassade, die dieses im antikisierenden Barock gehaltene Vorbild zitiert, umrahmt jetzt also ein modernes Parlamentsgebäude.

Nicht alles ist in Beton nachmodelliert, rund 300 echte Reste, sogenannte Spolien, wurden eingearbeitet. Vom einst berühmten Knobelsdorff-Treppenhaus sind originale Stuckreliefs und vier versehrte Atlanten geblieben. Von den ursprünglich 76 Attikafiguren wird kaum die Hälfte wieder aufgestellt, nicht zuletzt aus Platzgründen: Denn der Grundriss des Stadtschlosses wurde nur außen eingehalten, der Hof hingegen um etwa ein Viertel verkleinert, weil man ein tieferes Hauptgebäude und breitere Flügel benötigte. Alles anders also – aber trotzdem eine Sehenswürdigkeit.

Um den Landtag herum gruppiert sich auf dem Grundriss des alten friderizianischen Zentrums – mit der erneuerten Schwertfeger- und Schlossstraße – Potsdams neue Mitte. Grundlage ist dabei ein Konzept mit Leitbauten, Leitfassaden und gut integrierten Neubauten. Als Leitbau vollständig rekonstruieren konnte man nur das einst nach dem Vorbild des Palazzo Barberini in Rom errichtete Vorderhaus des Museums Barberini (2017 eröffnet). Neben dem Achteckenhaus an der Schwertfegerstraße wurden u. a. den palladianischen Kulissen-Palazzi Giulio Capra, Barbaran da Porto,

Valmarana (ehemaliger Plögerscher Gasthof) und dem 2016 fertiggestellten Noack-schen Haus in der Humboldstraße 4 eine Leitfunktion zugedacht. Beim Neubau dieses 1777 nach Motiven des Palazzo Chiericati in Vicenza errichteten Gebäudes nahm man es allerdings mit der Orientierung am Vorbild nicht ganz so genau: Die einst hinter dem Balkon liegenden Mezzaninfensterchen etwa hat man nicht einmal angedeutet.

Fazit: Eigentlich ganz im Sinne des Alten Fritz ist Bauen in Potsdam bis heute vor allem eine Zitierkunst; waren die einstigen Bürgerpaläste abgewandelte Minikopien der weitaus großzügiger geplanten Renaissance-Vorbilder, so sind die modernen Leitfassaden mehr oder weniger freihändige Beton-Zitate der Friedrich-Zitate.

„Dies ist kein (Land-)Schloss“ lautet der sinnige Spruch der Künstlerin Annette Paul am Landtag. Dank Mäzen Hasso Plattner wird es auf dessen Dach immer voller. Am 24. November 2020 wurde eine Kopie der Andromeda nach oben gehievt.

Aha EXTRA

Das Potsdam-Quiz

1 Wie nennen Historiker den ersten Schlossbau von 1598 auf dem Platz des heutigen Landtags?

A Chateau
B Katharinenbau
C Palais

2 Die Stadt Potsdam war unmittelbar dem König unterstellt. Wie lautet der Fachausdruck dafür?

A Immediatstadt
B Fürstenort
C Kapitale

3 Welche Farbe hat der Brandenburger Adler?

A Rot
B Schwarz
C Weiß

4 Das Ludwig XIV. entgegengesetzte lateinische Motto Friedrich Wilhelm I. lautete „Nec soli cedit". Was heißt das?

A Er geht nie allein
B Er weicht selbst der Sonne nicht
C Ohne Boden wird nichts

5 An der Südseite des Landtages sind drei Wappenkartuschen angebracht. Was kommt nicht vor?

A Brandenburg
B Schlesien
C Pommern

6 Welcher Architekt hat das Stadtbild geprägt?

A Gilly
B Gontard
C de Gayette

7 Die Medaillons auf dem Obelisken von 1755 zeigten ursprünglich preußische Kurfürsten und Könige. Wie viele Friedrichs und Friedrich Wilhelms waren es?

A Drei Friedrich Wilhelms und ein Friedrich
B Zwei Friedrich Wilhelms und zwei Friedrichs
C Ein Friedrich Wilhelm und drei Friedrichs

8 Wie viele Figuren zieren das riesige Neue Palais?

A 168
B 268
C 468

9 **Wie hieß der See an der Stelle des heutigen Platzes der Einheit?**
A Nauener See
B Fauler See
C Großer Tümpel

10 **Welchem Zweck diente das Hauptgebäude der heutigen Gedenkstätte Lindenstraße 54 nach seiner Fertigstellung im Jahr 1738?**
A Stadtverordnetenversammlung
B Kommandantenhaus
C Lazarett

11 **Was zeigen die Mosaiken des 1971 fertiggestellten Rechenzentrums? „Der Mensch bezwingt ...**
A die Natur."
B den Kosmos."
C das Kapital."

12 **Der „Lange Stall" an der Breiten Straße war eine Reit- und Exerzierhalle. Wie lang war sie?**
A 250 Meter
B 170 Meter
C 100 Meter

13 **In der Mitte des einstigen Wasserbassins am heutigen Bassinplatz wurde 1739 von Jan Bouman ein Lusthaus errichtet. Wie hieß es?**
A Grandiolle
B Galantise
C Gloriette

14 **Was zierte das Fortunaportal im ursprünglichen Entwurf des Jean de Bodt von 1700?**
A Tribar und Blivet
B Glocken und Uhr
C Zirkel und Winkel

15 **An der Nikolaikirche sind jede Menge Engel zu sehen. Wie viele sind es insgesamt in, an und auf der Kirche?**
A 40
B 80
C 180

16 **Der „Soldatenkönig" schenkte dem Potsdamer Friedrich Wilhelm Plümicke das Holländerhaus als Entschädigung für ein erlittenes Unglück. Was steckte dahinter?**
A Ein Schafesterben
B Ein Hochwasser
C Ein Pestausbruch

17 **Welche Frauenfiguren sind auf der Kuppel des Neuen Palais dargestellt?**
A Die drei Grazien Euphrosyne, Thalia und Aglaia
B Katharina II., Maria Theresia und Madame de Pompadour
C Die drei Göttinnen Artemis, Athene und Aphrodite

18 Die Figuren der berühmten Ringerkolonnade am Stadtschloss stellten nicht nur Ringer dar, sondern auch

A Diskus- und Speerwerfer

B Fechter und Schleuderer

C Federballspieler und Kegler

19 Worauf bezieht sich der Name der seit 1829 am Brauhausberg hergestellten Bierspezialität „Potsdamer Stange"?

A Auf die legendäre Manneskraft des berühmten Zechers König Friedrich Wilhelm II.

B Auf das hohe, stangenähnliche Glas, das man aufgrund der starken Schaumbildung benutzte

C Auf den Brauch, die Biergläser auf einer langen Holzstange zu servieren

20 Was kaufte der Schuster Wilhelm Voigt am 8. Oktober 1906 in der Altwarenhandlung Remlinger?

A Ein Paar Husaren-Reitstiefel mit Borte und Quaste

B Einen Satz Sporen eines Offiziers der Gardes du Corps

C Einen Hauptmanns-Mantel des 1. Garde-Regiments zu Fuß

21 Was beabsichtigte Friedrich II. mit der Anpflanzung von Maulbeerbäumen?

A Er wollte eine Produktion von Seide ankurbeln

B Er wollte Stadt und Umland mit Alleen verschönern

C Er liebte die Früchte

22 Wer zur Zeit Friedrich des Großen Beschwerden hatte, heftete seine Wünsche an die sogenannte Bittschriftenline. An der Stelle des ursprünglichen Baumes steht heute beim Stadtschloss eine zweite Linde. Was ist mit dem alten Baum passiert?

A Er wurde ein Opfer des Luftangriffs vom 14. April 1945

B Er ging in der Hitze und Trockenheit des Sommers 1947 ein

C Er wurde 1949 von FDJ-Aktivisten, die den Preußengeist vernichten wollten, samt Wurzeln entfernt

23 Wer oder was wurde in Potsdam als „Mopke" bezeichnet?

A Der Lieblingshund von Kaiserin Augusta

B Der Festplatz zwischen den Communs und dem Neuen Palais

C Der oberste Parkwächter von Sanssouci

24 Warum steht auf der Urkunde des am 8. November 1685 erlassenen Edikts von Potsdam das Datum 29. Oktober?

A In Brandenburg galt damals noch der julianische Kalender

B Es wurde am 8. November verkündet, aber vorher beschlossen

C Die Verkündung musste verschoben werden

Wappenkartusche von Preußen am Landtag

Quiz-Lösungen

1 = **B** Katharinenbau (1598, nach der Kurfürstin Katharina)

2 = **A** Immediatstadt (immediat = unmittelbar, direkt)

3 = **A** Rot (wie der Potsdamer; aber der schaut nach links)

4 = **B** Er weicht selbst der Sonne nicht

5 = **C** Pommern (Abgebildet sind: Brandenburg, Preußen, Schlesien)

6 = **B** Gontard und Unger (schufen rund 250 Bauten in Potsdam)

7 = **B** 2x Friedrich Wilhelm (Großer Kurfürst & I.), 2x Friedrich (I. & II.)

8 = **C** 468 (laut Ausstellung „Friederisiko“)

9 = **B** Fauler See

10 = **A** etwa 40 Minuten

11 = **B** den Kosmos

12 = **B** 170 Meter

13 = **C** Gloriette

14 = **B** Glocken und Uhr

15 = **C** 180 Skulpturen und Darstellungen

16 = **A** Schafesterben

17 = **A** Die drei Grazien

18 = **B** Fechter („Gladiators“) und Schleuderer

19 = **B** das hohe (Stangen-)Glas

20 = **C** Mit dem Mantel wurde Voigt zum „Hauptmann von Köpenick“

21 = **A** Mit Maulbeerblättern wurden Seidenraupen gefüttert

22 = **C** Der Baum galt den FDJ-Aktivisten als Preußen-Symbol

23 = **B** Bedeutung in NL: Ein mit Ziegelsteinen gepflasterten Platz

24 = **A** Der gregorianische Kalender wurde in evangelischen Ländern erst im Jahr 1700 übernommen (im Februar ließ man elf Tage „ausfallen“)

Zitate

„Daz gantze eyland muß ein paradeys werden …"
(Johann Moritz von Nassau-Siegen)

„Athen und Sparta, Feldlager und Garten Epikurs …"
(Voltaire über seine Eindrücke am Potsdamer Hof)

„Ganz Potsdam war wie ein Bordell …"
(Johann Gottfried Schadow über die Jahre unter Friedrich Wilhelm II.)

„Mein liebes Weibchen! Potsdam ist ein teurer Ort."
(Wolfgang Amadeus Mozart)

„… obgleich es jetzt nur steinerne Makulatur ist und des Lächerlichen genug enthält, so betrachten wir es doch mit unterernstem Interesse und unterdrücken hier und da eine aufsteigende Lachlust."
(Heinrich Heine)

„Mein Paradies befindet sich an einem Havelsee."
(Albert Einstein in Caputh)